El perdón

El perdón

Cien reflexiones
de Deepak Chopra

Traducción
Adriana de Hassan

GRUPO
EDITORIAL
norma

Bogotá, Barcelona, Buenos Aires, Caracas, Guatemala,
Lima, México, Miami, Panamá, Quito, San José,
San Juan, Santiago de Chile, Santo Domingo

Chopra, Deepak
    El perdón: cien reflexiones / Deepak Chopra; traductora
Adriana de Hassan. — Bogotá: Editorial Norma, 2001.
    200 p.; 21 cm.
    Título original: The Deeper Wound: Recovering the Soul
    from Fear and Suffering.
    ISBN 958- 04-6406-5
    1. Espiritualidad 2. Vida espiritual 3. Superación personal
    4. Perdón I. Hassan, Adriana, tr. II. Tít.
    291.4 cd 20 ed
    AHG5782

        CEP-Biblioteca Luis-Angel Arango

Edición original en inglés:
The Deeper Wound: Recovering the Soul from Fear and Suffering
de Deepak Chopra
Una publicación de Harmony Books
Miembro de Crown Publishing Group
201 East 50th Street, New York, NY 10022
Copyright © 2001 por Deepak Chopra.

Copyright © 2001 para América Latina
por Editorial Norma S.A.
Apartado Aéreo 53550, Bogotá, Colombia
http://www.norma.com
Reservados todos los derechos.
Prohibida la reproducción total o parcial de este libro,
por cualquier medio, sin permiso escrito de la Editorial.
Impreso por Editora Géminis Ltda.
Impreso en Colombia - Printed in Colombia

Edición, Adriana Delgado
Diseño de cubierta, María Clara Salazar
Diagramación, Vicky Mora

Este libro se compuso en caracteres Present y New Baskerville

ISBN 958-04-6406-5

Sé que llegará el día en que no podré ver más este
mundo.
La vida se irá en silencio, bajando el telón ante mis
ojos.
Aún así, las estrellas brillarán en la noche
y la aurora despuntará,
y las horas pasarán como las olas del mar
trayendo consigo placeres y dolor.
Cuando pienso en este final de mis momentos
se aparta la barrera que los separa,
y a la luz de la muerte veo nuestro mundo
con todos sus tesoros indiferentes.
Rara es entre ellos una vida insignificante,
raro un sitial humilde.
Dejaré pasar esas cosas que anhelé en vano
y aquellas que obtuve.
Pues solamente quisiera poseer realmente
aquellas cosas que desprecié indiferente.

Rabindranath Tagore, 1913

Prefacio

El 11 de septiembre de 2001 quiso el destino que toma-
ra un avión que salió de Nueva York 45 minutos antes
de que sucediera lo inconcebible. Para cuando aterrizamos en Detroit el pánico era generalizado. Cuando
logré comprender que la seguridad de los Estados Unidos había sido violada de manera tan atroz, no pude
articular palabra. Mi esposa y mi hijo también volaban
en esos momentos en aviones distintos, uno con destino a Los Angeles y el otro a San Diego. El miedo me
paralizó. En lo único en que pensaba era en su seguridad, pero tuve que esperar muchas horas antes de saber que los vuelos habían sido desviados y que los dos
se encontraban a salvo.

Pero lo extraño fue que, aún después de recibir
la buena noticia, todavía sentía como si me hubiera
aplastado un camión. Mi cuerpo parecía sentir por su
propia cuenta un trauma mucho mayor en consonan-
cia con los miles de seres que no sobrevivirían y las decenas de miles que vivirían para estar en un infierno
durante meses y años. Y entonces me pregunté, ¿por
qué no me sentí así la semana pasada? ¿Por qué no me
paralicé cuando oí la noticia de que personas inocen-

tes habían caído víctimas de la violencia en otros países? Otros seres de todas partes del mundo experimentan este mismo horror y esta ansiedad todos los días. Hay madres que lloran la muerte horrenda de sus hijos, civiles bombardeados inmisericordemente y refugiados privados de cualquier sentido de pertenencia o de identidad. ¿Por qué no percibí esa angustia con la intensidad necesaria para exigir que terminara?

Cuando se alzan las voces pidiendo reforzar la seguridad de los Estados Unidos y montar una fuerte represalia militar en contra del terrorismo, se pone de manifiesto que ninguno de nosotros tiene respuestas. Sin embargo, nos sentimos impelidos a hacer ciertas preguntas.

Como todo tiene una causa, debemos preguntar primero cuál es el origen de esta maldad. No debemos buscarlo en la superficie, sino en el nivel más profundo. No cabe duda de que esa maldad vive en el mundo entero y hasta es festejada.

¿Es esta maldad producto del sufrimiento y la angustia de unas personas a quienes no conocemos y, por tanto, de quienes no hacemos caso? ¿Han vivido en estas condiciones durante mucho tiempo?

Suponemos que quien haya fraguado este ataque siente un odio implacable hacia los Estados Unidos. ¿Por qué fuimos los escogidos como blanco del sufrimiento que se vive en el mundo?

Al parecer el odio y la angustia se fundamentan en la religión. ¿Acaso no hay algo realmente mal cuando se desencadenan el *yihad* y la guerra en el nombre de Dios? ¿Acaso no se invoca al tiempo a Dios y al odio en

Irlanda, Sri Lanka, India, Paquistán, Israel, Palestina, y hasta entre las sectas intolerantes de los Estados Unidos?

¿Puede una reacción militar modificar en lo más mínimo la causa de base? ¿Acaso no hay una herida profunda en el corazón de la humanidad? Si esa herida profunda existe, ¿acaso no nos afecta a todos? Si todos estamos heridos, ¿servirá de algo la venganza? ¿Servirá un castigo cualquiera contra una persona para sanar la herida o para agravarla? ¿No será que por ojo por ojo, diente por diente, brazo por brazo acabaremos todos ciegos, desdentados e inválidos?

Las guerras tribales han existido desde hace miles de años y ahora han adquirido proporciones globales. ¿Podremos poner fin a las guerras tribales? ¿Será posible que en nuestra marcha hacia el futuro podamos todos, sin importar las diferencias de raza, religión o nacionalidad, trascender nuestra naturaleza tribal?

¿Qué haremos usted y yo como personas con respecto a lo que está sucediendo? ¿Podemos permitir que la herida se agrave y continúe supurando por más tiempo?

Ha sido un ataque espantoso en contra de los Estados Unidos, ¿pero acaso no es también un desgarramiento de nuestra alma colectiva? ¿No es éste un ataque externo contra la civilización pero también un ataque proveniente de adentro?

Cuando hayamos garantizado nuestra seguridad nuevamente y nos hayamos ocupado de los heridos, cuando termine el período de aturdimiento y duelo tendremos que reflexionar profundamente. Sólo espero que podamos enfrentar todas estas preguntas con la más profunda intención espiritual. Ninguno de nosotros podrá sentirse seguro nuevamente detrás del escudo del poderío militar y de los arsenales. No habrá seguridad hasta tanto enfrentemos la raíz del problema. Es esencial orar y ofrecernos mutua ayuda y consuelo. En este momento de tristeza profunda por la herida de nuestra alma colectiva, la única forma de sanar como individuos es cerciorándonos de favorecer a la humanidad con cada uno de nuestros pensamientos, nuestras palabras y nuestros actos.

Aunque la idea para este libro nació del incidente trágico del 11 de septiembre de 2001, la intención del mismo evolucionó hasta convertirse en un manual que sirva para sanar la herida más profunda, independientemente de cuál sea su causa. Las tradiciones de la sabiduría nos dicen que es posible trascender el sufrimiento y alcanzar estados de expansión de la conciencia en los cuales, a través de la transformación personal, no solamente podemos llevar alegría al gran tejido de la vida, sino también sanarlo. Espero que cuando usted logre alcanzar el estado de alegría espontánea tras buscar en las profundidades de su alma, pueda al mismo tiempo contribuir a restablecer la armonía en el mundo. Porque usted es el mundo.

Un principio de la física dice que cuando un electrón vibra, el universo se estremece. Entonces, seamos usted y yo esos electrones que vibran al nivel de la conciencia para traer paz, alegría, armonía y amor al mundo.

Introducción

Soy Gautama Chopra, hijo de Deepak Chopra y trabajo como reportero de televisión con Channel One News, un programa educativo visto en cerca de 12 500 colegios de secundaria. A las 8 a.m. del martes 11 de septiembre abordé un avión en Nueva York con destino a Los Ángeles. Unos minutos después abandonamos lentamente el terminal, corrimos por la pista y nos elevamos hacia el cielo. Eran quizás las 8:30 a.m. cuando miré por encima del hombro para ver la silueta de la ciudad, la cual se veía con toda claridad, desde la Universidad de Columbia, mi alma mater, hasta la punta del World Trade Center.

«Qué día más hermoso», pensé. «Quisiera no haber tenido que irme». Entonces cerré los ojos y me quedé dormido.

Unos 90 minutos más tarde me despertó la voz del piloto por el altavoz. «Señoras y señores», anunció calmadamente, «haremos un aterrizaje de emergencia en Cincinnati a causa de lo que parece ser un ataque terrorista en el área de Nueva York. Les ruego que conserven la calma...».

Hubo un murmullo de nerviosismo en toda la cabina. Mi mente de periodista exigió información inmediata y tomé el teléfono. Pasé la tarjeta de crédito por la ranura, esperé el tono y marqué a mi oficina de prensa en Los Ángeles. El teléfono tenía interferencia pero aún así pude sentir el tono de angustia de una de mis colegas.

«¿Estás bien?» preguntó.

«Sí». Y le pedí más información.

«Se estrellaron dos aviones contra las Torres Gemelas. Se derrumbaron. Se cayeron...».

El teléfono quedó en silencio. Marqué nuevamente como loco.

Nada.

Ensayé a llamar a mi hermana, también en Los Ángeles.

Nada.

Me recosté lentamente en la silla y comencé a sentir pánico. Sabía que mi padre había salido de Nueva York en otro vuelo casi una hora antes que yo. Sabía que mi madre venía de Londres a San Diego. Traté de meditar y de convencerme de que todos estarían bien. Los ojos se me llenaron de lágrimas.

Cuando aterrizamos veinte minutos después, el piloto nos pidió que no encendiéramos los teléfonos celulares. Nos dio instrucciones de evacuar el avión inmediatamente y de seguir las indicaciones del personal de seguridad.

Al llegar finalmente al terminal encendí mi teléfono en medio de cientos de otros pasajeros varados con los ojos fijos en el televisor. En la pantalla se veían las imágenes de dos muñones humeantes — los restos de las dos torres del World Trade Center. Finalmente logré comunicarme con mi hermana, Mallika, quien sollozaba al otro lado del teléfono.

«Estoy bien... ¿dónde está papá... dónde está mamá?»

Mallika respondió todas mis preguntas. Todos estaban a salvo. Mi siguiente llamada fue a la oficina. Sabía que me esperaba mucho trabajo. En efecto, ya habían reservado un automóvil para que regresara inmediatamente a Nueva York. En la oficina de alquiler de vehículos se oían las voces de todas las personas que estaban en cola anunciando su lugar de destino a fin de formar grupos. Me uní a otros dos señores que se dirigían al área de Nueva York y arrancamos. Durante las 12 horas que siguieron oímos por la radio todos los detalles del ataque terrorista a medida que se iban conociendo. Cada cinco minutos me venía a la mente el nombre de otro pariente o amigo y marcaba los teléfonos como loco. La mayoría de las líneas estaban congestionadas o fuera de servicio. Un amigo con quien logré hablar me informó que no había podido contactar a otro amigo mutuo que trabajaba en el piso 105 de una de las torres. Esa mañana tenía una reunión a las 8:30. Una persona de la reunión había llamado a decir que habían sobrevivido al ataque inicial y estaban esperando un grupo de rescate. Después no se había vuelto a saber nada de ellos.

Por último, poco después de la media noche llegamos a Fort Lee, Nueva Jersey, en las afueras de la ciudad de Nueva York. No cruzaríamos a Manhattan esa noche porque todos los puentes y los túneles estaban sellados. Pasé toda una noche de insomnio en Nueva Jersey y a las 6 a.m. estaba vestido y listo. La única forma de cruzar era por tren, el cual ofrecía servicios limitados. El tren se detuvo al entrar a la estación de Hoboken, N.J. Del otro lado del río se veían las ruinas de las torres gemelas, como lápidas humeantes y cenicientas. A bordo del tren se hizo un silencio sepulcral mientras todos mirábamos por las ventanas. Una joven que estaba al lado mío comenzó a llorar. Otro hombre ocultó la cara entre las manos para ahogar los sollozos.

Ya en la ciudad veía a la gente deambular en estado de aturdimiento. Hasta las calles más congestionadas como Broadway y la Quinta Avenida estaban desiertas de vehículos pero llenas de peatones medio sonámbulos. Mientras caminábamos en dirección del centro (ya estaba yo con la cuadrilla de televisión) vimos que los cafés estaban abiertos y la gente ocupaba todas las sillas de los andenes, guardando silencio y con la mirada dirigida al cielo, hacia el penacho de humo blanco que flotaba hacia el occidente. En West Fourth Street, un grupo de muchachos jugaba baloncesto. En un momento dado se les escapó la pelota y un jugador descamisado corrió tras ella para recogerla. Cuando alzó los ojos dirigió la mirada hacia el humo. Sacudió la cabeza, se pasó la mano por los ojos — para limpiar el sudor o quizás las lágrimas — y se alejó.

Yo me detuve a conversar con un agente de la policía. Tras unos minutos de conversación, me preguntó si quería ver el sitio del ataque. Acepté permanecer en el perímetro exterior, lejos de los trabajadores.

Las imágenes de la televisión no le hacen absolutamente ninguna justicia a la devastación causada por el ataque del martes en la escena del delito. Es como si un asteroide hubiera golpeado la parte baja de Manhattan. Hay trozos de metal retorcido y lozas de concreto por todas partes. Es inimaginable y abominable. Hoy la tragedia se encuentra apenas en su infancia. Por las miles de personas que perdieron la vida, los padres, los hijos, los amigos y los vecinos que salieron de sus hogares un día y no han regresado, hay muchas miles más, con sus amigos y familiares, que no podrán dormir tranquilas otra vez.

Ésta es a la vez una tragedia nacional, pero también muy personal. El miércoles en la noche, al regresar en taxi de la oficina a mi apartamento, noté que el conductor tenía nombre musulmán. El vio el color de mi piel por el espejo retrovisor y asintió con la cabeza. En la radio, el comentarista transmitía una advertencia a todos los hombres de ascendencia del Medio Oriente o del Sur de Asia en el sentido de que tuviéramos cuidado ante la posibilidad de represalias violentas injustificadas de parte de los residentes ofuscados de la ciudad.

El conductor del taxi me miró nuevamente por el espejo y sonrió con una mueca de ironía. «Amamos a Estados Unidos. Es nuestro hogar». Sacudió la cabeza y añadió, «Pero creo que nos jodimos».

* * * * * *

Hace como un mes llegué con otros dos colegas al noroeste de Paquistán, en la zona fronteriza con Afganistán. Cubríamos un reportaje sobre las instalaciones de entrenamiento de los militantes islámicos en las escuelas religiosas de Paquistán. Se ha dicho en occidente en repetidas ocasiones que esas escuelas son el centro de formación de los jóvenes musulmanes donde los transforman en terroristas hostiles contra el occidente. En Paquistán, tanto el gobierno como los hombres de las escuelas desmienten furiosamente esas afirmaciones y reprenden al occidente por difundir esa propaganda racista. Viajé a esta zona perdida tratando de no formarme ningún prejuicio, pero con un cierto temor innegable en mi corazón.

En la escuela, el director se mostró muy amable y hospitalario. Nos invitó a recorrer las instalaciones y a conocer a los maestros y a algunos de los estudiantes, si bien en un principio no se nos permitió hablarles. Después nos escoltaron hasta su residencia privada.

Lo primero que vi en la mesa de centro fue un plato lleno de mangos amarillos y una fotografía. En ésta última aparecían nuestro anfitrión — un *Mullah* musulmán de barba, con su turbante blanco tradicional — y su amigo, Osama Bin Laden, el primero en la lista de los más buscados del FBI. Le pregunté a nuestro anfitrión si podíamos entrevistarlo. Aceptó pero insistió en que primero degustáramos los mangos. Cuando le dije que me encantaría, sacó un cuchillo largo y procedió a tajar la fruta. Comimos y conversamos un rato, hasta que finalmente nos permitió encender la cámara.

Le hice al *Mullah* toda una serie de preguntas. «¿Odia usted a los Estados Unidos? ¿Por qué existe un sentimiento antiamericano tan grande en esta parte del mundo? ¿Debería el pueblo estadounidense sentir temor?»

A todas mis preguntas respondió con elocuencia y sin hostilidad. Habló de la historia de los Estados Unidos y de Afganistán, de cómo habían sido aliados durante la Guerra Fría en su guerra contra los soviéticos.

«Ustedes nos dieron armas y entrenaron a nuestros hombres. Construyeron carreteras, alimentaron a nuestro pueblo. ¿Se da usted cuenta, joven, de que su gobierno ayudó a crear y financiar al Taliban porque le interesaba utilizar la guerra de guerrillas y las tácticas terroristas contra los rusos? Ustedes nos convirtieron en sus amigos».

«Pero entonces terminó su Guerra Fría y ustedes nos abandonaron». Su voz adquirió un tono de animosidad. «Como ya no les interesaba tenernos como aliados, nos abandonaron, dejaron a nuestro pueblo hambriento y lleno de odio. Ustedes convirtieron a sus amigos en enemigos porque nos usaron como rameras para satisfacer su egoísmo».

Se hizo un silencio entre los dos.

Finalmente le pregunté por la fotografía y la naturaleza de su relación con el señor Bin Laden.

«Es un viejo amigo. Y un buen hombre».

Sacudí la cabeza. «¿Es terrorista?»

«No es así como lo llamamos aquí».

El *Mullah* me dio a entender que no deseaba continuar hablando. Nos dimos la mano y le agradecí su hospitalidad.

Durante mi viaje de regreso pensé en esa hospitalidad. Sabía que el propio *Mullah* había secundado una *fatwa*, u orden religiosa, emitida por Bin Laden varios años antes en la que instaba a los musulmanes a matar a civiles estadounidenses. Y aún así ahí estaba este hombre que nos había tratado con enorme cordialidad y había cortado los mangos con sus propias manos para brindárnoslos. Recordé entonces un dicho afgano que reza, «Hoy eres nuestro huésped. Si no te mostráramos hospitalidad, sería una vergüenza para nosotros. Pero en tiempos de guerra, serías nuestro enemigo y podríamos matarte. Hoy, amigo, mañana, *inshallah* (si es la voluntad de Dios), podrías no serlo».

* * * * *

Hoy viernes 14 de septiembre, cuatro días después del ataque terrorista, podríamos encontrarnos aparentemente en el umbral de una guerra. Nuestro presidente la ha llamado la Primera Guerra Mundial del siglo 21. Pero no estoy seguro contra quién hemos de luchar. Me gustaría visitar mi café preferido en la ciudad — un pequeño lugar egipcio en el Lower East Side que he frecuentado desde que estaba estudiando. Los meseros, en su mayoría jóvenes del Medio Oriente a quienes les agrada hablar de baloncesto y fútbol, que se sientan a la mesa con los comensales a compartir una fumada en las *hookas* de tabaco dulce que sirven allí, son mis amigos. Pero no sé cuando reabrirá sus puertas, si es que lo hace. Hay una mezquita al lado, y está cerrada desde el ataque.

Las semanas, los meses y hasta quizás los años que nos esperan prometen ser complicados e inciertos. Abrigamos la esperanza de que nuestros dirigentes tengan buen criterio y tomen las decisiones difíciles a las cuales se verán abocados, con rigor y compasión. Pero somos todos y cada uno de nosotros los llamados a manifestarnos y a ser los verdaderos guerreros en estos tiempos difíciles. ¿Significa eso tomar las armas y enfrentar la amenaza de la muerte en el campo de batalla? No lo creo. El campo de batalla es invisible. El enemigo nos elude y el tejido de la maldad es demasiado complejo. Hoy no hay respuestas sencillas. Es demasiado pronto para encontrar soluciones y remedios.

Por ahora sólo tenemos nuestras historias sobre dónde nos encontrábamos el día en que las torres se desplomaron. Cada historia es dramática y trágica. De hoy en adelante mantendré un recuerdo silencioso de las víctimas de esta calamidad. Aunque cada quien podrá elegir su propia forma de recordar el momento, creo que estamos obligados a hacer un alto en el camino para reflexionar, para preocuparnos por nuestro vecino, para meditar en favor de la paz y de la tolerancia porque, en últimas, las únicas fuerzas que podrán vencer tan profunda maldad serán la compasión y la esperanza.

Espero que usted encuentre consuelo y luz en las páginas de este libro. Pido a todos que se unan a mi padre y a mi en oración por la sanación de nuestra civilización (si así se le puede llamar) herida. Oremos todos los días a cualquiera que sea el Dios al que adoramos, recordando, como mi padre me lo enseñó desde la infancia, que Cristo no era cristiano, ni Mahoma musulmán, ni Buda budista, ni Krishna hindú.

Gautama Chopra, septiembre 15, 2001

Primera parte

De cara a la tragedia

La reacción inmediata cuando los terroristas lanzaron contra las torres del World Trade Center dos aviones secuestrados provocando la muerte de más de 6000 personas fue pensar que 'la vida ya nunca será como antes'. Había llegado a su fin el período de bienestar del que había gozado nuestra sociedad. El miedo reemplazó nuestra sensación de seguridad. De un solo sacudón, el pueblo despertó a la realidad del sufrimiento colectivo. Tres de las muchas muertes me pesaban en el alma. Nunca conocí a Ruth Clifford McCourt, ni a su hija Juliana, ni a Paige Farley Hackel. Eran buenas amigas y en las fotos se ven como mujeres especialmente felices y amorosas. El 11 de septiembre viajaban juntas a California. Salieron de sus casas muy alegres porque sorprenderían a la hija de cuatro años de Ruth con una visita a Disneylandia. Ruth y Paige se separaron en el aeropuerto Logan para tomar vuelos diferentes a fin de aprovechar las millas regaladas por los planes de sus respectivas aerolíneas. Paige abordó el vuelo 11 de American Airlines. Ruth abordó el vuelo 175 de United Airlines con su hija

El destino quiso que los dos aviones se estrellaran contra las torres gemelas y que todos los pasajeros perecieran en un holocausto de acero retorcido y combustible ardiente. Con ellas murieron miles de víctimas inocentes más que al menos tuvieron la bendición de ser tomadas por sorpresa, a diferencia de quienes venían en los aviones y tuvieron que vivir con la sentencia de una muerte segura.

Todos recordamos cómo fue. Muchos vimos la enormidad de la tragedia desenvolverse ante nuestros propios ojos a través de la televisión, mientras algunos la vieron directamente en el cielo. Sentimos cómo moría en nuestro interior la esperanza de que alguien sobreviviera.

Los medios reportaron que la familia McCourt, sin saber que Ruth y Juliana estaban en el vuelo fatídico, creyó haberse salvado de milagro porque el hermano de Ruth, quien trabajaba en las torres, había salido ileso. Sólo después recibieron la noticia aplastante de lo que les había sucedido a ella y a su hijita Juliana.

Menos difundido fue un hecho del cual yo estaba enterado personalmente. Ruth y Paige no iban únicamente de vacaciones. Viajaban para asistir a un curso dictado por Debbie Ford en el Chopra Center for Well Being en San Diego, porque deseaban aprender a sanar. La muerte violenta es demasiado trágica para la ironía, pero la disparidad entre su bondad espiritual y su destino horrendo fue increíblemente cruel. Ruth, Paige y Juliana eran tres nombres en una lista, pero también se convirtieron en emblemas de sufrimiento, sin alternativa ni escapatoria. El único homenaje en el que pude pensar fue en honrar su recuerdo escribiendo sobre la posibilidad de sanar.

Etapas de sufrimiento, etapas de sanación

Todo el mundo sufre. En tiempos de guerra o calamidades, o desastres naturales, todo el mundo sufre junto. No obstante, sin importar hasta dónde lleguen las ondas oscuras del sufrimiento, éste siempre es individual. Lo sentimos adentro como una herida propia, pero como es invisible, no podemos mostrar esa herida a los demás. Solamente podemos vivir la experiencia terrible del dolor y la depresión, la sensación de pérdida que nos agobia hasta el punto de que nada más importa.

El sufrimiento puede definirse como el dolor que le roba todo significado a la vida. Los animales sufren, por supuesto, y profundamente. Algunos son capaces de afligirse por los suyos, si uno de ellos muere. Pero los seres humanos estamos sujetos a un dolor interior complejo compuesto por sentimientos de miendo, culpabilidad, vergüenza, pesar, rabia y desesperanza. Era una ilusión creer que nuestra sociedad era inmune a esa clase de sufrimiento. Y la ilusión se despedazó abruptamente el 11 de septiembre.

Ese día yo volaba de un lado del país al otro cuando se cerraron todos los aeropuertos, obligándome a alquilar un automóvil y conducir de ciudad en ciudad, principalmente por el oeste medio entre Detroit y Denver. En cada sitio al que llegaba encontraba muchas personas angustiadas que me rogaban que les ayudara con su pena y desesperación. En las primeras horas después de la tragedia, las personas quedan aturdidas y en *shock*. Yo viajaba durante esos primeros momentos en que el aturdimiento comenzaba a dar paso a las lágrimas, una de las primeras etapas de la pena, de modo que lo único que podían hacer era tratar de buscar su seguridad nuevamente en el nivel más básico. Probablemente habían leído alguno de mis libros, oído una grabación o asistido a un taller en algún momento de su vida, y de pronto ahí estaba yo, una persona que quizás podría ayudarles.

Sin embargo, yo estaba exactamente en el mismo estado que ellas. Lo único que podía hacer era reflexionar sobre mis propias experiencias con el sufrimiento. «Abrácense», les dije. «No teman pedir contacto humano. Salgan de sí mismas y díganles a sus seres queridos que los aman; no permitan que los demás den ese hecho por descontado. Sientan su miedo. Acójanlo y permitan que se libere lentamente. Oren. Sufran su pena con otros si pueden, o solos si es necesario».

Ésos son remedios básicos y sencillos para manejar el *shock*. Pero después del aturdimiento y las lágrimas viene la segunda etapa en la cual salen a la superficie unas emociones poderosas, muchas veces después de haber permanecido sepultadas durante años o decenios. A mi alrededor comencé a sentir que afloraban la ira y la tristeza. Las personas comenzaban a decir que sentían un miedo profundo como nunca antes habían experimentado. Hasta los incidentes más comunes como el golpe de una puerta, el estruendo de un tubo de escape, un golpecito en el hombro podían

desencadenar en ellas el pánico. En los días que siguieron, esta ansiedad comenzó a difundirse como si
fuera contagiosa.

La tercera etapa del sufrimiento viene cuando sentimos que debemos actuar, ya sea para sanar o para cobrar venganza, o para dar una mano a otras víctimas.
Es entonces cuando se abren muchas posibilidades.
Algunos de los caminos elegidos perpetúan el sufrimiento, mientras que otros lo alivian. Antes de hablar de las
raíces profundas del sufrimiento, debemos hacer una
pausa para examinar las alternativas que todos podríamos escoger cuando comienza la tercera etapa.

- Abrazarnos en un abrazo consciente.
- Hablar cariñosamente.
- Resistirnos a ver las imágenes negativas una y otra vez.
- Apartarnos de las conversaciones cargadas de
  negatividad.
- Mantener la estructura de la vida en la mayor medida posible, especialmente cuando se trata de
  favorecer a los niños después de la tragedia.
- Tratar de no estar solos — cenar en familia, permitir que los amigos nos ofrezcan consuelo, aunque
  estar cerca de otras personas nos cause dolor.
- Perdonarnos cuando nos sintamos víctimas, pero
  tomar medidas para abandonar esa forma de pensar.
  Oír el punto de vista de otra persona. Es difícil
  expresar el sufrimiento interior y todos lo hacemos mal. Lo que podría parecer ira y frustración
  es a veces lo único que puede expresar una persona.

Una vez quedan atrás las etapas agudas de la pena, el sentimiento de dolor queda en una especie de plano sutil, como una especie de neblina gris, en lugar de una herida física profunda. Si eso sucede, es importante no limitarse a tratar de recuperar un sentido de normalidad. La ausencia de sufrimiento agudo significa que ya estamos listos para comenzar a satisfacer nuestras necesidades más fundamentales nuevamente:

La necesidad de seguridad.
La necesidad de pertenecer.
La necesidad de ser reconocidos por los demás.
La necesidad de importarles a los demás.
La necesidad de expresarnos libremente.
La necesidad de amor.

En su inocencia, los niños manifiestan escuetamente lo que necesitan. Sin embargo, cuando llegan a la edad adulta aprenden a ocultar sus emociones. Hace algunos años me sorprendí gratamente al ver a una pareja de compras con su hijo de unos seis años. Los padres no le hacían caso y entones el niño dijo repentinamente en voz alta, «¡Ustedes no me están amando lo suficiente en este momento!». Las tragedias masivas son una de las pocas situaciones en las que los adultos dejamos caer las máscaras. Los desastres obligan a las personas a llorar en público, a mostrar un miedo inocultable, a ofrecer consuelo porque la necesidad es muy palpable.

A nivel práctico, nada alivia el sufrimiento tanto como tender la mano a otra persona que también sufre. Salir a ayudar, servir a los demás, aunque sea de la manera más insignificante. Todos sentimos timidez al pensar en tender la mano a otros; nuestra sociedad habla de comunidad pero la mayoría de nosotros flotamos como átomos en un vacío. No es fácil superar los muros construidos alrededor de nuestro aislamiento, pero cualquier gesto — cualquiera que no nos produzca inseguridad — es un paso hacia la sanación.

Después de los ataques al Pentágono y a las torres del World Trade Center, miles de ciudadanos de todas las esferas de la vida se ofrecieron para ayudar en los equipos de búsqueda, rescate, apoyo y otros esfuerzos. Cientos de miles respondieron casi instantáneamente a la petición de donar sangre. Aunque sería imposible destacar a una sola persona, me conmovió una señora que fue en bicicleta hasta el sitio del desastre para buscar a su sobrina y su sobrino, a quienes encontró milagrosamente. Al día siguiente sintió el deseo incontenible de volver al sitio, como les sucedió a muchas otras personas, como atraídas por una fuerza invisible. Se encontró con otras mujeres que sintieron la necesidad de ayudar, de manera que comenzaron a preparar emparedados para los grupos de rescate, primero unos pocos, pero después en grandes cantidades. A los pocos días, esta mujer estaba al frente de toda una operación de camiones que entregaban comidas, y dirigiendo a decenas de voluntarios.

«Tuve una experiencia extraordinaria que espero no sea mal interpretada», dijo después. «Estos cinco días se convirtieron en los mejores de toda mi vida». La razón por la cual la tragedia se convirtió en luz para ella fue porque hizo contacto con otros seres a nivel del corazón; había un hilo humano que la unía a esa vida que es común a todos nosotros. Ésta es la conexión que más anhelamos. Pero nos toca a cada uno de nosotros encontrar la voluntad para tejer la primera hebra.

Aunque nuestro ego desee hacerse oír como si fuera el único adolorido, debemos buscar más allá. Nuestro aislamiento, una de las fuentes principales del dolor, termina cuando ofrecemos ayuda a los demás. Una vez, durante una de mis conferencias, una señora se puso de pie y me preguntó, «¿Cómo puedo deshacerme de este dolor enorme que llevo en el corazón?» Había dado respuestas específicas a preguntas semejantes, pero esta vez hablé sin pensar, «Debe dejar de pensar que es <u>su</u> dolor». Creí que se ofendería o se enojaría, cuando en realidad lo que vi en su rostro fue una expresión de perplejidad, como si la hubiera hecho reconocer una verdad. ¿Mi dolor? Claro que es mío. ¿A quién más podría pertenecerle?

¿Qué tal si el dolor que parece ser suyo realmente no lo es? (Y no pretendo menospreciar el sufrimiento personal, sino solamente ofrecer un punto de vista más amplio que contribuya a mitigarlo.) La verdad es que el miedo y la ira existen por fuera de nosotros. No son suyos ni míos, a menos que los atraigamos. La negatividad es un parásito invisible. Necesita un huésped del cual alimentarse, y ese huésped es el ego. Cuando de niños aprendimos a aferrarnos a <u>mi</u> juguete, <u>mi</u> dulce, <u>mi</u> placer, <u>mi</u> felicidad, el ego fue aprendiendo a aferrarse a lo opuesto: <u>mi</u> rodilla raspada, <u>mi</u> muñeca dañada, <u>mi</u> tristeza, <u>mi</u> dolor. Absorbiendo las experiencias para hacerlas 'mías' fue la forma como construimos y desarrollamos nuestra identidad individual. Cuando crecimos aprendimos a ver ese yo desde una perspectiva más amplia, en el contexto de la humanidad. Pero cuando la tragedia nos golpea, solemos retroceder a esa primera etapa.

Para contrarrestar eso necesitamos hallar al Espíritu. Porque sólo el Espíritu puede hacer algo que el ego anhela profundamente pero no puede lograr por su cuenta. El Espíritu puede ayudar al ego a escapar de esa trampa dolorosa del yo, el mí, y lo mío. Aunque parezca raro, es cierto que el mismo mecanismo que construye el yo aislado es el mismo que le hace desear escapar. El ego desea lo mejor para 'mí' y aún así hay otra fuerza más sutil que desea lo mejor para todos (lo cual termina siendo lo mejor para mí). Permita que esa fuerza se exprese y descubrirá que los muros de su aislamiento no son tan sólidos como su sufrimiento los hace parecer.

Sentí que las lágrimas se me agolpaban en los ojos justo después de derrumbarse las torres gemelas cuando un reportero entrevistó a una mujer que acababa de salir de esa nube asfixiante de polvo que llenaba el aire. Él trataba de hacer su labor profesional y ella trataba en lo posible de no perder la compostura. «¿Podría usted describir la escena que acaba de abandonar?» le pidió el reportero sosteniendo el micrófono al frente de ella. La mujer trató de buscar una buena respuesta pero su rostro se contrajo y rompió a llorar. El reportero no dijo, «Corten» ni «Sigan grabando un momento», sino que sin pensarlo dos veces la abrazó y allí, delante de los ojos del mundo, ella dejó correr su llanto. Así transcurrió el tiempo que ella quiso, y yo también lloré.

El espíritu nos brinda acceso a una emoción que no se puede sentir aisladamente: la compasión. La palabra compasión viene de una raíz que significa «sufrir con» y es por esa razón que muchas personas la temen. Una tarde gris en la que hablaba en Boston, uno de los participantes me preguntó, «¿Cómo puedo sentir compasión por las víctimas de esta tragedia sin que me lastime? No deseo sufrir, sino ofrecer amor y paz». Fue una pregunta muy sincera y espero haberla respondido de la misma manera.

«Permítase sentir ese dolor de los demás. Déjelo penetrar dentro de su ser y no tema salir maltrecho. El hecho de tratar de impedir que el dolor del otro penetre en nosotros es producto del temor por nuestra propia seguridad; invocamos la seguridad para refugiarnos al interior de nuestras propias murallas. Sin embargo, la verdad es que su dolor y el dolor de las víctimas es uno solo. Nos hace humanos a todos».

La compasión es uno de los sentimientos más venerados y santos porque avanza hacia las primeras filas del sufrimiento para decir «Tómame». Al darnos a nosotros mismos vivimos la experiencia directa del dolor pero con la entrega del amor. Por tanto, la compasión tiene el poder de disolver el dolor al no evitarlo, al confiar en que el amor ofrece la mayor de las protecciones. Erigimos la más sólida de todas nuestras defensas cuando descubrimos que hay una realidad más fuerte que el dolor: el amor.

La anatomía del miedo

Las víctimas de la tragedia del 11 de septiembre fueron las que más sufrieron, pero todos los demás también lo hicimos. Sentimos el frío atenazador del miedo aunque no corríamos un peligro físico significativamente mayor. La incertidumbre y la inseguridad se generalizaron y son sensaciones que no desaparecerán, por lo menos no completamente en algunos casos. En el proceso natural del duelo afloran a la superficie los planos del miedo y del sufrimiento. Cuando este proceso se niega o se interrumpe abruptamente, el trauma se convierte en una herida profunda y duradera; y, no obstante, como la pena nos lastima, todos sentimos la tentación de saltarnos esta etapa generando resistencia.

«Durante los años 90 todos nos adormecimos», dijo un joven después de los ataques terroristas. «Vivíamos dentro de una burbuja protegida. Mientras durara la burbuja, nadie saldría lastimado. La prosperidad era interminable, el futuro pintaba lleno de felicidad. Sabía que se sentía como algo irreal, pero nunca esperé que nos pincharan la burbuja desde afuera. Ahora es como si nadie supiera qué hacer». De cara a la tragedia, la emoción más apremiante es la ira. Al igual que los demás sentimientos, no se debe negar la ira, pero es preciso reconocer que no reemplazará el hecho de sanar la herida más profunda y más difícil.

Se necesita valor para sanar. Cuando éramos niños había una gran separación entre aquellas cosas a las que temíamos y la realidad, aunque en ese momento no lo reconocíamos. Nuestros padres nos consolaban a media noche cuando teníamos pesadillas, nos tranquilizaban diciendo que el coco no existía, y nos protegían de los fantasmas conjurados por nuestra imaginación.

Los adultos buscamos la misma protección, pero nos es mucho más difícil cerrar la brecha entre el miedo y la realidad. Cuando el gobierno reaccionó frente al ataque contra el World Trade Center y Washington, y también contra el secuestro que terminó en la caída del avión en Pennsylvania, jurando cobrar venganza contra el terrorismo en el mundo entero, lo que buscaban los patriarcas de nuestra sociedad era ser buenos padres y protectores. Sin embargo, dijeron que nuestros enemigos eran invisibles y se ocultaban en las sombras. Nadie sabía realmente quiénes eran y después de un tiempo fue fácil imaginar que estaban por todas partes. Fue así como se nos negó la protección en el momento en que más la necesitábamos. Los días que siguieron presenciaron la caída del mercado bursátil. Aunque los aviones volvieron a volar, en los aeropuertos sea oían por doquier los comentarios sobre el colapso de la economía. La confianza se desmoronaba rápidamente.

Puesto que escribo estas palabras una semana después de la tragedia, no sé cómo se ha desenvuelto finalmente esa sensación apocalíptica. En este momento sentimos que todo podría empeorar antes de comenzar a mejorar. Freud decía que no hay otra emoción más indeseable que la ansiedad. Cuando llega se rehusa a desaparecer. De cara al terror sencillamente nos sentimos impedidos para pensar. Los sistemas de defensa del cuerpo lanzan gritos de alerta y nos sentimos atenazados por el miedo. La sensación física del miedo realmente es nuestra aliada en momentos de crisis porque activa el sistema hormonal para generar la reacción de luchar o de huir. No sabemos cómo respondían nuestros ancestros a la amenaza desde el punto de vista psicológico, pero sí sabemos a ciencia cierta que sus cuerpos estaban dotados de la capacidad de luchar o de huir del peligro.

El miedo comienza a arrastrarnos en una caída en picada cuando las amenazas no desaparecen, como lo vemos en los hogares en los que los niños no pueden escapar del abuso. Pero esta situación quizás se experimenta de manera más visible durante la guerra. «Yo estuve en Sarajevo formando parte de una misión humanitaria a mediados de los noventa», me dijo recientemente un hombre. «La escena era horrenda. Había francotiradores en los techos de los edificios. Las descargas de artillería eran cosa de todos los días. La gente se movía sabiendo que podía morir mientras compraba una fruta en un mercado abierto o sencillamente al dirigirse del estacionamiento al trabajo.

«Como visitante en ese infierno producido por el hombre, sentí ese miedo que nunca lo abandona a uno. Mientras uno cena o bebe una taza de café en la calle, la vida normal es apenas una pantalla fina. Lo que se siente a toda hora es temor, la realidad subyacente. Mi corazón encontraba motivos para palpitar con fuerza por lo menos diez veces en el día, y dormir por las noches era casi imposible a menos que el agotamiento llegara hasta el punto en que el cuerpo no tenía alternativa».

Los informes de las zonas de guerra dan testimonio de todos esos sentimientos. Pero aunque los sucesos externos crean el escenario propicio para el miedo, la forma de experimentar esas situaciones puede ser muy distinta, dependiendo de cada persona. El hombre prosiguió, «La población de Sarajevo venía sufriendo durante mucho más tiempo y de una manera mucho más intensa que lo que podría hacerlo yo como visitante. Era curioso ver que algunas personas lograban parecer casi alegres y normales mientras que otras estaban sumidas en un letargo profundo, como sonámbulas. Los hombres, en particular, canalizaban su miedo en forma de ira. Por todas partes se oía hablar del enemigo y de las represalias, y si uno trataba de plantear la verdad de que la violencia engendra más violencia, corría uno el riesgo de recibir una golpiza.

«Por otra parte, las mujeres estaban sumidas en un estado penoso de indefensión. No reconocemos la frivolidad y la vivacidad que aportan las mujeres a la existencia cotidiana sino hasta que nos faltan. En Sarajevo no había nada frívolo ni vivaz. Casi sentía como si jamás pudieran volver a nacer las jovencitas inocentes. Habría una especie de atmósfera gris por siempre».

Me gustaría hablar de cada uno de estos síntomas por separado porque la sanación varía dependiendo de la etapa de ansiedad en la que se encuentre la persona y de las reacciones individuales frente al miedo.

Shock y adormecimiento: La mente está acostumbrada a protegerse de las amenazas pasándolas por alto o negándolas. Aunque podría ser fácil predecir algo muy malo — enfermedad cardíaca en una persona que fuma, consume una dieta rica en grasa y nunca hace ejercicio — la noticia de sufrir una condición que podría ser fatal suele provocar un choque. Si la mente ha logrado adormecerse lo suficiente, toda la tensión acumulada durante mucho tiempo se desfoga inmediatamente. Ese estrés es demasiado para ser absorbido. Al aturdirse, la mente puede frenar el alud durante un tiempo.

A medida que pasa el tiempo, el *shock* y el aturdimiento desaparecen. Como mencioné anteriormente, ésa es apenas la primera etapa. La energía represada de la ira, el temor y la pena buscan una salida. No obstante, la persona puede frenar su flujo natural, optando por mantener su adormecimiento. En un nivel puede decidir que la resistencia es la única forma de sobrevivir. Lo que sucede entonces es que el mundo interior de la persona se contrae. Como ninguno de nosotros puede decir realmente que se ha liberado completamente de los traumas del pasado, los psiquiatras destapan grandes depósitos de dolor en las personas que creían que su único problema era el insomnio o la incapacidad de mantener una relación. El problema del adormecimiento es mucho mayor de lo que nos damos cuenta.

La contracción de la conciencia nos roba la libertad de muchas maneras. Es como una prensa invisible que mantiene sujeta la respuesta emocional, comprimiendo el potencial vital hasta reducirlo a su más mínima expresión. Aunque suena abstracta, esa contracción de la conciencia trae consigo toda una serie de problemas. El primero de ellos es la insensibilidad: cuando nos obligamos a no sentir, no podemos ser sensibles a los demás. No podemos desarrollar empatía con su situación; no nos abrimos a los puntos de vista de otros. Las personas insensibles parecen distantes y apartadas. Es como si no les importaran en absoluto los sentimientos de otros, cuando la realidad es que no pueden sentir. Su conciencia contraida está totalmente dedicada a manejar su propio sufrimiento, consciente o inconsciente.

Indefensión y vulnerabilidad: En la mayoría de los casos, cuando se desvanece el *shock* inicial, la mente trata de reconstruir sus viejas defensas, pero éstas generalmente ya no sirven. El impacto del estrés es demasiado grande; la marejada de emociones se niega a recuperar su tamaño de antes. Cuando la persona descubre que ya no tiene defensa contra su propio miedo, comienza a sentirse vulnerable. Es sano en muchos sentidos sentirse vulnerable. Es una manera de reconocer que no estamos desconectados, ni de nosotros mismos ni de los demás. Pero la sensación de indefensión es muy difícil de soportar. Ella por sí sola puede generar miedo, ante lo cual la mente luchará por recuperar el control.

Pánico: La etapa siguiente, cuando la persona no logra recuperar la sensación de control, es el pánico. El pánico hace su aparición cuando la mente está agobiada por la desesperación de haber perdido toda coherencia. El miedo acecha a la mente a voluntad, destruyendo todas las barreras. Puesto que el sistema mente-cuerpo está diseñado para restablecer el equilibrio a como dé lugar, esta incoherencia total dura solamente poco tiempo. Así, aunque el pánico es una de las experiencias más atemorizantes que puede tener una persona, casi siempre es transitorio.

Los ataques de pánico, los cuales afligen a ciertas personas sin haber una causa externa, dependen del recuerdo del trauma pasado, como sucede con todos los ataques de ansiedad. Las imágenes generadas dentro de la mente se convierten en detonantes, como si fueran sucesos externos, y sobreviene la reacción en cadena del miedo. Puesto que las imágenes del pasado pueden reaparecer para causar daño mucho después de haberlas presenciado, es de vital importancia proteger a los niños para que no vean las imágenes dantescas que los medios transmiten durante las catástrofes. Los niños que parecen no mostrar una reacción de miedo ante sucesos como los del 11 de septiembre muchas veces posponen sus reacciones hasta mucho después. Quienes crecimos durante la Guerra Fría damos testimonio del horror que sentimos muchos años después al ver las fotografías de las pruebas de la bomba atómica y, no obstante, no recuerdo haber manifestado ese miedo interior a mis padres. Era mi miedo íntimo y, por esa razón, mucho más aterrorizador.

Por agudo que sea, el pánico no sirve para medir cuán extrema es una crisis externamente. Cuando un avión está a punto de estrellarse — y esto sucedió con los aviones involucrados en el ataque terrorista y también dentro de las Torres Gemelas — las personas hacen silencio y se buscan para decirse que se aman. Esa calma suele engendrar actos de valentía: por las conversaciones por celular que se sostuvieron desde el avión que se estrelló en Pennsylvania, sabemos que, por lo menos en uno de los aviones, los pasajeros se enfrentaron a los terroristas aunque sabían que morirían irremediablemente.

Ira: La ira es una emoción primaria, pero en el mundo del miedo es una línea secundaria de defensa. Las personas se tornan airadas cuando no pueden vencer sus sentimientos de indefensión. El hecho de estallar cumple dos propósitos: hace sentir a la persona que tiene el control, sin el cual algunas personas entrarían en pánico total. En segundo lugar, canaliza las energías hacia afuera, proporcionando un enemigo externo visible al cual atacar.

Es preciso reconocer la emoción primaria para poder deshacerse de ella. Si usted sabe que su emoción primaria es la indefensión — en el ataque terrorista era fácil de reconocer — podrá manejar la ira y reconocerla por lo que es, es decir, una defensa. Si usted se niega a aceptar que puede perder el control y encontrarse indefenso(a), justifica su ira como la reacción 'indicada'. De allí, el paso a la intolerancia y a la violencia es muy corto.

Ansiedad: El miedo crónico del tipo que nos despierta en la noche y ataca sin previo aviso en cualquier momento de la vida cotidiana se conoce como ansiedad. Es una de las formas más comunes de sufrimiento en nuestra sociedad, magnificada durante los ataques terroristas, pero presente desde tiempo atrás. La ansiedad se siente como una especie de temor no específico. Se puede manejar médicamente, aunque los tranquilizantes no equivalen a la curación. Puede sentirse en grado leve, y entonces la persona permanece nerviosa e inquieta, o puede sentirse de manera aguda, cuando la persona se llena de terror sin razón aparente.

El miedo se convierte en ansiedad cuando una amenaza pierde su ventaja inmediata pero no puede olvidarse. La ansiedad tiene su asidero en la memoria. No viene de afuera, sino de nuestro mundo interior. Como nació de las reacciones primitivas frente al peligro físico, la ansiedad continúa relacionada con los sucesos externos. La mujer que se entera de que una masa que tiene en el seno es maligna puede sucumbir a la ansiedad y permanecer en ese estado hasta tanto recupere la salud.

Depresión: Aunque no lo parezca, en la base de la depresión hay un componente de miedo y ansiedad. La depresión es sufrimiento dirigido contra el yo. Si miramos las expresiones faciales de las personas deprimidas, inmediatamente vemos cuán apagadas, retraídas, agotadas y tristes se sienten. Su actitud frente a la vida es de pasividad y resignación. Tendemos a olvidar esto y a tratar la depresión como una debilidad, particularmente propia; si otros pueden encontrar alegría en la vida, entonces somos culpables de no haber logrado lo mismo. Esos juicios se conectan con la culpa, y las personas deprimidas generalmente sienten que han defraudado a su familia y amigos. Se ven a sí mismas como la nube gris que opaca todos los acontecimientos felices.

Si miramos la depresión sin hacer juicios, reconocemos en ella el último frente de batalla contra el miedo. Las personas deprimidas se encuentran a punto de darse por vencidas y, en efecto, algunas recurren a la alternativa peligrosa de poner fin a su vida. Pero antes de llegar a esa etapa, la depresión es la última línea de defensa en la cual la mente busca refugio, reduciendo todas las operaciones al mínimo y dejando apenas el soporte requerido para sobrevivir. Aunque es muy frecuente pronunciar la palabra depresión descuidadamente como si habláramos de una gripe o de un dolor de cabeza, yo no logro dejar de ver el enorme sufrimiento de fondo. Para mí, ver a una persona deprimida es como ver un magnífico caballo de carreras que se ha roto una pata. Un ser humano es capaz de tanta magnificencia, que realmente rompe el corazón ver ese brillo apagado y casi extinto.

¿Entonces cuál es la mejor manera de enfrentar las diversas manifestaciones del miedo? Sin importar la etapa en la cual se encuentre una persona, siempre es posible deshacerse del miedo. La manera de comenzar es ofreciendo ayuda y hablar libremente sobre el sentimiento de temor. Si esto parece imposible porque nos han enseñado que el miedo es señal de debilidad, entonces hay que hablar de ello. La culpa es un obstáculo enorme en este sentido, como lo es también la vergüenza. Pero es necesario encontrar una puerta, y pienso que los pasos siguientes son eficaces:

- Sienta su miedo como si fuera una sensación corporal.
- Piense que esa sensación tiene su asiento en energías viejas almacenadas.
- Pida que esa energía embotellada salga de su cuerpo.
- Ayúdele a salir hasta que haya liberado todo aquello que estaba listo para salir en este momento.

Para cada paso hay una técnica. Primero, sentir el miedo como una sensación corporal hace que salga del ámbito de la mente. El miedo tiene voz. Habla de muchos peligros; acumula escenarios de fatalidad y pasa de uno a otro incansablemente. Como voz, el miedo es extremadamente persuasivo y, no obstante, las palabras están conectadas con sensaciones corporales, las cuales son mucho más fáciles de liberar que los pensamientos. Los pensamientos van y vienen y suelen aumentar de intensidad mientras más uno los resiste. Las sensaciones corporales son más objetivas.

Localice primero sus sensaciones de miedo en el cuerpo. Generalmente se traducen en contracciones musculares, por lo cual hay que explorar primero las áreas susceptibles como son la nuca, la frente, el pecho, la boca del estómago y la parte baja de la espalda. Algunas veces las piernas se sienten muy débiles o pesadas. Siempre que la mente anda desbocada es probable que la presión arterial suba, aunque no hay forma física de saberlo. Es necesaria una sensación que se pueda ubicar. Concéntrese en el pulso acelerado, las mariposas en el estómago, la debilidad de las rodillas, las piernas desgonzadas, etc., dependiendo de aquello con lo cual usted asocie el temor o la ansiedad en cualquiera de sus formas.

Esas sensaciones son el residuo biológico de la experiencia. Por ejemplo, cuando recordamos una situación de miedo, el cuerpo vuelve a la escena lo mismo que la mente y, en lugar de limitarse a recordar, reproduce los mismos síntomas que se experimentaron en ese momento. Esa misma puñalada fría de miedo regresa trayendo consigo una huella corporal particular, expresión de su energía. Para sanar, la energía es más importante que los pensamientos asociados. Lo mismo que un guijarro en el zapato, una energía perturbadora nos recuerda su presencia enviando señales de dolor. De nada sirve seguir pensando cuánto dolor produce la piedra; hasta tanto se elimina la fuente de energía, no hay sanación. Asimismo, el miedo y la ansiedad envían un sinnúmero de pensamientos, pero no es posible sentir alivio duradero concentrándose en los pensamientos, hasta tanto se mueva la energía, porque, de lo contrario, el miedo se aferrará a otros pensamientos.

Ahora pida que esta energía indeseable desaparezca y ayúdela a irse. Este paso de la ayuda es crucial y se puede hacer de muchas maneras.

Respire profundamente. Lleve las manos al abdomen con cada inhalación y después exhale normalmente, como dejaría escapar un suspiro.

Escuche. Pregunte en su interior qué es lo que la energía desea comunicarle. Todos tenemos miles de cajones donde guardamos los recuerdos del trauma, cada uno con su propia historia. Dispóngase libremente a oír y a ver de dónde proviene la energía. A medida que recibe las imágenes y los mensajes, la comprensión sale al encuentro del miedo, haciéndolo más susceptible a la liberación.

Muévase. Las energías atrapadas están estáticas; son como témpanos bloqueados en el río de la conciencia, o como placa acumulada en las arterias. Lo que está adherido debe ponerse en movimiento. El hielo debe descongelarse. Muchas personas prefieren el movimiento físico. Correr o moverse es una buena forma de soltar la tensión superficial. Las energías profundas responden cuando se las representa a nivel físico, por ejemplo, retorciendo las manos, temblando y sacudiéndose. Zapatear y sacudir los brazos y las piernas ayuda cuando la energía está anclada en la ira.

Haga ruidos. La angustia tiene una voz ininteligible, una voz a la cual no le agradan las palabras porque son demasiado débiles para la intensidad del sentimiento presente. La angustia prefiere gritar. Aúlla, se queja, gruñe, gimotea y se ahoga en sollozos. A medida que se manifiesten esas sensaciones profundas de miedo, permita la salida de esos sonidos. No los produzca a la fuerza. (Gritar con la cabeza hundida en una almohada puede ser de gran ayuda.)

Comience canturreando suavemente. Cuando sienta la sensación en su cuerpo, canturree el tono de la sensación y después deje que la energía misma dirija el tono, alto o bajo, a donde quiera ir. Si se siente raro(a) canturreando, comience con el «mmm» de satisfacción que brota espontáneamente con sólo pensar en una comida deliciosa. Ése es un tono (y cuando hace esfuerzo físico generalmente dejar escapar muchos otros como quejidos, suspiros, gruñidos de decepción, gemidos guturales). Es probable que siempre haya evitado los tonos de lamentación, los gemidos agudos o el llanto incontrolable de un bebé, que le estremecen todo el cuerpo, pero debe saber que son recursos que tiene a su disposición. También tiene a su disposición el chillido con el cual se responde a un impacto, especialmente si nos toma por sorpresa. Todos esos sonidos son parte de su arsenal contra el miedo y, como involucran directamente al cuerpo y también a los centros emocionales del cerebro, tienen el poder de localizar el sufrimiento, expresarlo y arrastrarlo con ellos.

Hay otro elemento fundamental para liberar el miedo. He observado que todos estamos dispuestos a deshacernos de nuestros miedos más íntimos y ocultos cuando confiamos en alguien. La confianza implica recibir la promesa de la seguridad y aceptarla. Los dos componentes son esenciales — debe haber el ofrecimiento de sinceridad emocional y también la capacidad de aceptar que en realidad hay un refugio seguro.

La pregunta es dónde buscar la confianza. Ante todo es preciso confiar en uno mismo, encontrar la seguridad suficiente para no impedir la propia liberación. Todos nos sentimos cohibidos. Es vergonzoso gritar de angustia. Mire en su interior y pregúntese si sostiene alguna de estas ideas:

- Llevo tanto tiempo sufriendo que es demasiado tarde para cambiar.

- Estoy esperando a que alguien note mi sufrimiento.
- Mi dolor significa que estoy vivo(a).
- ¿Por qué alguien no me salva?
- Tengo una enorme necesidad de ser amado(a).
- No se me permite comprender.

Cada una de esas actitudes es una excusa para prolongar el sufrimiento e impedir su liberación. Cada vez que repite esos razonamientos aumenta el espesor de las murallas de su encierro. Usted tiene la opción de aferrarse a esas ideas durante el tiempo que desee, pero sepa que las energías atrapadas se fortalecen mientras más se reprimen. Es necesario romper el círculo de la negación y el sufrimiento. En lugar de las ideas negativas que han reforzado los muros de la represión, comience a absorber las ideas que contribuyan a debilitar los muros, aunque no las haya aceptado plenamente todavía. Toda creencia positiva anula una negativa.

- No importa cuánto tiempo haya sufrido, puedo cambiar.
- Es probable que no muchas personas se hayan percatado de mi dolor o lo hayan tomado en serio, pero me basta con haberlo notado yo.
- Merezco sanar.
- No necesito que me salven; necesito ayuda. Siempre hay alguien dispuesto a ayudar.
- Desespero por ser amado(a), de modo que es hora de hallar a la persona indicada, alguien que pueda oír mis palabras y responder a mi necesidad.

- Es probable que no comprenda lo que me sucede ahora, pero si echo a andar por el camino de la sanación, finalmente comprenderé.

Con esta forma de razonar se desarrolla una actitud de sanación. A partir de ella podrá buscar la liberación en muchas direcciones. Mantenga esta lista de creencias cerca y cuando se sienta desanimado(a), vuelva sobre ellas. Hable con otros sobre la forma como han transformado una actitud negativa en otra positiva. Tome un solo punto de la lista negativa y dedique todo un día a examinar la forma como esa idea le ha afectado, y dedique el día siguiente a reemplazarla por una idea positiva. Lleve un diario en el cual reconozca honestamente la influencia que han tenido en usted tanto las ideas negativas como las positivas. Desarrollar un nuevo sistema de creencias es una campaña, y usted debe dar la batalla desde dos direcciones.

Si al leer las frases negativas siente ira u otro tipo de resistencia, preste atención porque habrá tocado una fibra. Si realmente siente que no puede cambiar, el hecho de oír que puede hacerlo le provocará frustración, rabia, autocompasión, derrotismo — toda una serie de hijastros que forman la estela de la resignación y la desesperanza. Saque esos sentimientos a relucir. Escríbalos. Siéntese ante la computadora y escriba este título en una página, «Razones por las cuales jamás cambiaré» o «Razones por las cuales nadie reconoce mi sufrimiento». Deje ir esa certeza de que siempre ha sido la víctima lastimada, olvidada y relegada. No edite ni juzgue sus pensamientos al escribirlos. Será sólo hasta que enfrente sus sentimientos reales que podrá comenzar a sanar.

En un punto determinado dará vuelta a la esquina y sentirá la emoción de hacer realidad un nuevo sistema positivo de creencias.

Cualquiera que sea la etapa del camino en la que se encuentre, son aplicables las mismas recomendaciones — no fuerce nada; agradezca cada nueva luz por pequeña que sea, cada ventana que se abra aunque sea sólo un poco. Parecerá poca cosa mover un ladrillo a la vez, pero llegará el día en que toda la prisión se derrumbará.

Sea paciente y suave consigo mismo(a). No permita que la ira lo aparte de su camino. Cuando identifique las cosas que le han provocado ira y frustración, no insista en desfogar esos sentimientos. Busque explicaciones para su frustración; busque conscientemente la raíz más profunda, que siempre es el miedo. Es probable que tarde años explorando todo el laberinto de la ansiedad y la depresión, pero si tiene la voluntad, la sanación tardará mucho menos tiempo del que necesitó para acumular las heridas, y el alivio podrá ocurrir pronto. Experimentará un gran avance en su sanación con el solo acto de embarcarse en el proceso.

Aunque es posible disipar el miedo, incluso cuando está muy profundo, es preciso respetarlo hasta tanto encuentre la forma de liberarlo. Pregúntese hasta qué punto estuvieron sus padres dispuestos a hablar de su propio miedo, su sufrimiento y ansiedad (me refiero al dolor de ellos y no el que usted les producía cuando era presa de las tribulaciones, aunque también eso le dará algunas luces). Si recuerda que su padre ocultaba cualquier rastro de ansiedad, incluso cuando había dificultades económicas o su empleo estaba en peligro o lo amenazaba una enfermedad seria, habrá identificado ese límite que no querrá cruzar voluntariamente hoy, en su edad adulta. Si su madre sufría en silencio o aceptaba resignadamente que era imposible manejar las situaciones de ansiedad, habrá identificado otro límite interiorizado en la infancia.

Los límites emocionales se pasan de una generación a otra. Hay casos en que los terapeutas tardan años para lograr que un paciente se abra. Respete sus defensas pero sin dejar de tratar de disolverlas. Las murallas interiores no se desploman de una sola vez; se desmoronan lentamente. Entonces no piense que alguien espera que usted lance un asalto frontal contra sus defensas y las atraviese como todo un guerrero. Sus mejores armas son la voluntad, la honestidad y la paciencia.

Una vez creado el espacio para su confianza, necesita confiar en otra persona. La sanación no puede ocurrir en aislamiento. No ponga automáticamente a su mejor amigo, su cónyuge o su hermana mayor en el primer lugar de la lista. Analice objetivamente quién está disponible emocionalmente y quién no. Busque una persona tolerante y que sepa reconocer sus propias fallas, alguien capaz de oír y que no trate de imponer sus propios juicios sobre los demás. Ésa es la clase de persona en quien puede comenzar a confiar. Acérquese a esa persona y pídale permiso de contarle un motivo de sufrimiento del cual realmente desee hablar.

Compartir es crucial porque si espera que esa persona sea sincera, es apenas justo que usted abra su corazón. Sin embargo, está perfectamente justificado solicitar un momento privilegiado durante el cual la conversación sea únicamente sobre usted, si su sufrimiento es intenso. El acuerdo implícito es que cuando esa persona esté sufriendo, usted estará disponible para ella. Trate de reconocer en qué momento ha ido demasiado lejos y sencillamente está usando a la otra persona como depósito para sus problemas. No solicite consejo. La mejor forma de valerse de la persona dispuesta a oír es encontrar en ella la confianza suficiente para iniciar el proceso de liberación que después debe usted continuar por su cuenta. El objetivo es sacar a flote las energías ocultas de timidez, vergüenza o culpa. Al exponerse de esa manera tendrá listo el escenario propicio para manejar esas energías.

¿Acaso todos tenemos esa persona en nuestra vida? De ninguna manera. Al respecto es preciso anotar un par de cosas. En primer lugar, usted puede buscar ayuda profesional y llegar fácilmente a un estado de confianza profunda avanzando a su propia velocidad y tratando de determinar — no desde la mente sino desde el corazón — si esa persona es lo suficientemente abierta para aceptar las energías oscuras que usted desea liberar. En segundo lugar, hay una ley espiritual en la que he podido confiar ciegamente a través de los años: cuando la persona está lista, el maestro aparecerá. Confíe en las personas que forman parte de su vida actualmente; enfrente sus energías oscuras con tanta honestidad como pueda; respete sus límites y los de todas las demás personas a su alrededor. A medida que vaya retirando las capas de la cebolla, el maestro más indicado para ayudarle aparecerá, coincidiendo casi milagrosamente con el momento en el cual necesita orientación.

«¿Por qué? Necesito saber por qué»

Piense en la última vez que tuvo que consolar a alguien durante una crisis. Estoy seguro de que esa persona repitió una y otra vez la misma pregunta: *¿Por qué?* La mente no puede aceptar el sufrimiento inesperado, sin significado. Después de la catástrofe de Nueva York, un comentador dijo, «Solamente ha transcurrido una semana y aún así han vuelto a aparecer en Broadway los mendigos y las personas que distribuyen volantes anunciando la danza callejera al frente de Penn Station. Los grupos de rescate continúan excavando con las manos entre los escombros y, aún así, la vida ha vuelto a la normalidad porque la gente espera reencontrar su significado. El significado no está en la verdad sobre la tragedia. Aunque es cierto que debemos descubrir la verdad, ella no le dará significado alguno a la catástrofe».

A ese mismo dilema se enfrentan todas las víctimas del delito, la enfermedad, la injusticia y la pérdida. ¿Por qué me sucedió esto a mi? ¿Qué hice para merecerlo? Si Dios existe, ¿cómo puede permitir esta clase de sufrimiento? En la búsqueda de significado han surgido tres grandes respuestas, las cuales se encuentran en todas las culturas.

Primera: el sufrimiento es inevitable porque es parte de la vida.
Segunda: el sufrimiento es antinatural y es producto del pecado y de las malas acciones.
Tercera: el sufrimiento encierra un mensaje espiritual y se prolonga hasta tanto ese mensaje es oído.

La primera respuesta de que el sufrimiento es un aspecto inevitable de la vida, viene de la naturaleza. Todas las criaturas nacen y mueren. Entre esos dos instantes, las criaturas luchan por permanecer vivas. El cuerpo físico está expuesto a toda clase de peligros, de los cuales los más prominentes son el hambre, la violencia, los accidentes, el envejecimiento y la muerte. Al estudiar los restos de los hombres prehistóricos se ha visto que fueron víctimas de casi todas esas amenazas. Por consiguiente, parece apenas natural que usted y yo debamos sufrir, porque la naturaleza sencillamente está diseñada de esa manera para todos los animales. Digamos que ésta es la opinión fatalista, porque aunque los seres humanos hemos luchados durante siglos para aliviar el hambre y la enfermedad, otras causas del sufrimiento como la guerra y la violencia han demostrado ser incurables. Después de los sucesos horrendos del 11 de septiembre, sentía dentro de mí, y en las demás personas que me rodeaban, esa voz del fatalismo que decía, «Por mucho que nos esforcemos, en últimas jamás podremos erradicar la violencia y el odio irracional de la naturaleza humana». Esta voz es producto de la primera respuesta, de que el sufrimiento es inevitable.

La segunda respuesta de que el sufrimiento es antinatural, producto del pecado y de las malas acciones, dice exactamente lo contrario. En lugar de considerar que todas las fuerzas naturales se alzan en contra nuestra, afirma que el sufrimiento de los seres humanos viene de adentro y no de afuera. Si optamos por una mala acción, esa decisión puede devolverse contra nosotros más adelante. Los seres humanos somos las únicas criaturas víctimas de la culpabilidad y la vergüenza. Sentimos pena cuando cometemos un pecado como matar, mientras que los animales no muestran remordimiento alguno cuando hacen gala de violencia. El sufrimiento derivado del pecado es mucho más terrible que el simple dolor físico. Engendra ansiedad y depresión, aflicciones misteriosas puesto que estos dos fantasmas de la mente persiguen a las personas incluso cuando no han hecho nada malo. La simple percepción de haber hecho algo malo puede crear una culpabilidad intensa. Pero toda criatura capaz de cometer pecado debe ser capaz de hacer lo correcto también. Por consiguiente, esta segunda respuesta encierra optimismo. A pesar de la evidencia de los siglos pasados, soñamos con la redención. Todas las religiones desean poner fin al sufrimiento llevando a los seres humanos de regreso a algún estado de inocencia o hacia un paraíso futuro. Por consiguiente, podemos decir que la segunda respuesta es idealista. Si busco en mi interior durante estos momentos de aturdimiento que vinieron después del 11 de septiembre, oigo una voz que me dice. «No dejes de luchar, estás por encima de este acto espantoso de maldad. Tu espíritu puede alzarse por encima de él». Esta voz nace de la segunda respuesta de que el sufrimiento es antinatural.

La tercera respuesta de que el sufrimiento encierra un mensaje espiritual es muy diferente de las otras dos. Dice que del sufrimiento puede brotar el amor. El amor es el mensaje oculto al interior de todo los miedos y sufrimientos, por espantosos que éstos sean. La idea de que el sufrimiento encierra un mensaje espiritual va más allá del fatalismo y del idealismo, porque elimina la diferencia entre lo interno y lo externo, lo físico y lo mental. Nos vemos como espíritu puro que ha optado por presentarse en el mundo natural para representar nuestros dramas del alma. Algunas veces el drama es alegre y despreocupado; otras es doloroso y lleno de pena. El espíritu está por encima de cualquier drama. Es la música dulce e inaudible de la vida misma. Pienso que durante las catástrofes del Pentágono y el World Trade Center una voz silenciosa brotaba a través del sufrimiento para decir, «Estás en pena y atemorizado, pero ésos no son tus sentimientos. Aunque experimentas la tragedia, ésta no te toca. Ves el rostro de la muerte, pero detrás de la máscara está el amor eterno». Esta voz emana de la tercera respuesta de que el sufrimiento encierra un mensaje espiritual; ese mensaje siempre es de amor. A los terroristas no les importa lo que les pueda suceder y están convencidos de que pueden hacer cualquier cosa porque arden de odio. Si a usted no le importara lo que pudiera sucederle pero ardiera de amor, podría ayudar a salvar el mundo.

Hay muchas formas de aliviar la pena, pero creo que solamente la espiritualidad puede sanar el sufrimiento. Es idealista esperar que el sufrimiento llegue a su fin, y aunque Buda, Cristo, Mahoma y otros grandes maestros espirituales ofrecieron una visión del final del sufrimiento, también es cierto que éste ennoblece a las personas porque nos enseña lecciones, nos guía hacia la luz y purifica nuestra naturaleza. El sufrimiento es una paradoja.

Por último, podemos depositar nuestra confianza en los principios siguientes:

El miedo es poderoso, pero el alma no teme. Encuentre su alma para disolver el sufrimiento.

En un momento determinado se nos pide creer, o bien en la realidad que el miedo nos presenta, o en aquella que nos presenta el alma. El miedo habla desde el ego, ese «yo» limitado. El ego tiene mucho que hacer en el mundo y usted depende de él para hacerse persona, adquirir cosas, afirmar «mis» necesidades en contra de las de «ellos». Una de las enseñanzas centrales del budismo es que el ego es el origen del sufrimiento. Pero en la vida normal todos debemos vivir con el ego y sus necesidades; nos hemos acostumbrado completamente a ver el mundo desde un punto de vista individual. De modo que prefiero percibir su realidad como una etapa prematura del desarrollo del ser.

Después de vivir un tiempo suficiente conforme a como lo desea el ego, comienza a perfilarse otra realidad. Es la realidad del alma.

El principio fundamental de la realidad del alma es que somos más que una mente y un cuerpo.

El segundo principio es que nunca estamos solos.

El tercero es que la compasión nos permite sentirnos iguales a todos los demás seres vivientes. Cuando alcanzamos la expansión plena de la conciencia llegamos al alma, no a la propia, sino a la esencia y a la fuente del espíritu que mora en todos nosotros.

El significado de la muerte

El hecho crudo de la muerte es casi imposible de afrontar. Nadie niega que todos debemos morir y, no obstante, continuamos viviendo sin aceptar que la muerte nos acecha y se acerca más con cada respiración. Se supone que esta defensa es creada por la mente consciente para evitar los terrores del inconsciente. Si es así, esa defensa se derrumbó por completo el 11 de septiembre cuando la muerte estalló en un día soleado para que todos la vieran. Un hombre que estaba a muchas cuadras del World Trade Center vio caer lo que parecían trozos de escombros. Cuando se llevó los binoculares a los ojos reconoció que los escombros agitaban los brazos y las piernas en su caída. Volteó el rostro horrorizado y rogó que pudiera olvidar esa imagen. Es inaceptable pensar que una muerte causa más pena que otra, pero quizás esos suicidios fueron lo más lamentable de ese día.

«Vi a los trabajadores que saltaban por las ventanas», recuerda un testigo ocular que se encontraba en la segunda torre después del ataque contra la primera. «Saltaban porque sus oficinas eran infiernos de combustible en llamas. El calor de la bola de fuego era de más de mil grados Fahrenheit. Podían verse las corbatas de los hombres gravitando hacia arriba mientras los cuerpos caían. Dos personas cayeron tomadas de las manos — quizás eran amigos o marido y mujer. La última señal de su amor fue morir juntos. Unas pocas personas no saltaron ni cayeron en brazos de la muerte, sino que desplegaron los brazos para lanzarse de cabeza. Ese gesto galante de valentía, más que otra cosa, me despedazó el corazón». Otra persona, padre de unos niños que presenciaron la tragedia desde el colegio, dijo que sus hijos le describieron el color de la ropa que llevaban los suicidas. Lo habían visto todo desde muy cerca. En la calle, un bombero murió instantáneamente cuando un hombre cayó sobre él.

La muerte nos produce horror en muchos niveles. Es la perspectiva atemorizante de sufrir dolor físico intenso, y puesto que todos lo hemos sentido, nuestra mente se retrae ante la posibilidad de sentir más. La perspectiva de la aniquilación, de desaparecer en el vacío cuando termine la experiencia, es quizás el miedo más profundo. La reacción es tratar de escapar de la realidad de la mortalidad a través de todos los medios conocidos, desde el consumo de sustancias hasta la fascinación interminable por la juventud y la belleza.

El hecho de la muerte es menos brutal si logramos aceptar que es una parte necesaria de la vida. El universo recicla todo en la corriente interminable del tiempo. Los átomos que forman su cuerpo encuentran en él un refugio transitorio. Como aves de paso, siempre están en vuelo. Con su siguiente inspiración, usted inhalará varios miles de millones de moléculas de aire que alguna vez pasaron por los pulmones de Buda o de Jesús, y con su siguiente espiración, enviará al aire moléculas que mañana se respirarán en China. Todos los átomos de su cuerpo son prestados y deben devolverse al cosmos. La razón por la cual los antiguos indios adoraban a Shiva, el dios de la muerte y la disolución, no era solamente el temor ni el deseo de aplacarlo. Las tradiciones de la sabiduría vieron en el diseño de la naturaleza que la creación y la disolución eran inseparables. En el nivel más profundo, todos prestamos y devolvemos todo el tiempo. La escena no es de muerte perpetua sino de recirculación de la vida.

Hace poco reuní a varias personas en un salón pequeño para una meditación. Me pareció buena idea que oyeran ellas mismas cómo se va haciendo más lento el latir del corazón cuando se pone la atención en el silencio. Esta meditación en el corazón es muy poderosa y yo deseaba demostrarlo con evidencia física. Cualquiera que haya corrido en la banda sin fin en el gimnasio seguramente ha visto los cinturones que se amarran alrededor del pecho durante el ejercicio; el aparato controla los latidos del corazón y genera una lectura a través de una especie de buscapersonas amarrado en la muñeca. Ese día durante la meditación utilicé estos aparatos. Les pedí a todos que cerraran los ojos. Puse una música suave y relajante, pero antes de iniciar la meditación guiada, una persona notó que sentía opresión en el pecho. Inmediatamente, otra se quejó de palpitaciones fuertes. Entonces otras dos sintieron palpitaciones. Sorprendido, les pedí que se quitaran los cinturones porque temí que tuvieran problemas cardíacos. Pero al otro día cuando contacté al fabricante de los aparatos, me dijo, «¿No se lo dije? En los recintos pequeños se produce mucha interferencia entre los aparatos».

Lo que quiso decir era que los monitores, al amplificar los latidos de una persona, envían señales que pueden ser detectadas por el corazón de las otras personas. En efecto, todos los corazones estaban emitiendo y recibiendo señales entre sí. ¡Qué cosa más extraordinaria! Entonces me di cuenta de que estas conversaciones cruzadas suceden todo el tiempo. Los monitores solamente amplificaron esa conexión que existe entre nuestros corazones todo el tiempo.

La historia no terminó ahí. Al día siguiente estaba en la azotea del Chopra Center respirando aire puro cuando sentí que había alguien fumando muy cerca. Me pareció imposible porque estaba solo en un tercer piso. Vi entonces a un hombre fumando a dos cuadras de distancia y me di cuenta de que era él. Fue una demostración vívida de que literalmente compartimos la respiración de los demás, porque el humo del cigarrillo sirvió de marcador. Yo estaba inhalando oxígeno y carbono, nitrógeno e hidrógeno que apenas hacía unos segundos habían circulado por el cuerpo de ese desconocido. En esencia, él estaba compartiendo su cuerpo conmigo y con los demás seres de este planeta.

Cuando nos damos cuenta de cuán íntima es la conexión entre todos nosotros, reconocemos claramente la realidad de que la vida es un bien común, más como un ecosistema que como un vehículo nuevo. Al igual que mi corazón y mi respiración, mi mente recircula imágenes y sentimientos compartidos con millones de personas. Sin la muerte, esta renovación no sería posible.

En otro nivel, esos argumentos tienen poco peso porque no van dirigidos al miedo profundo, casi físico, de la muerte. En oriente se cree que el cuerpo almacena el recuerdo de muchas muertes al pasar de una reencarnación a otra. Por consiguiente, nuestro terror ante la perspectiva de morir es realmente un recuerdo. De la misma manera, la paz que se puede sentir de cara a la muerte también es un recuerdo. Todos somos capaces de recordar ambas cosas, el dolor de morir y la alegría de renacer. Sin tener que creer en la reencarnación, he descubierto que la gente puede localizar el recuerdo de la paz en su interior. En efecto, los seis pasos de la muerte que describe Elisabeth Kubler-Ross, que tanto se han difundido en la actualidad, son un viaje desde la resistencia, el miedo y la negación hasta ese punto de paz interior en el cual se acepta que la muerte no es algo a lo cual hay que temerle.

Puesto que el miedo a morir existe en muchos niveles, lo mismo es cierto de la sanación. En el plano emocional, es necesario comenzar a liberarse de la energía del miedo, y ya hemos visto cómo hacerlo. En el plano mental se pueden leer las escrituras o textos de filosofía o, si no se es creyente, estudiar los incontables estudios científicos sobre experiencias cercanas con la muerte, de los cuales hay miles documentados. La fe también puede llegar a través de la mente. He adquirido buena parte de mi fe leyendo la Biblia, los Vedas, la poesía de Tagore y Rumi, los escritos de los maestros espirituales modernos de todas las culturas, y también los ensayos científicos.

Es un consuelo leer en los Upanishads que nuestra vida es como olas en el gran océano de la conciencia; lo mismo que las olas, nosotros nos formamos y nos disolvemos pero nunca desaparecemos, porque el océano es infinito y eterno, y la ola es también el océano. Igualmente consolador es leer el equivalente científico de esta misma noción, el cual sostiene que todo lo que existe es una onda de energía y aunque la onda como tal pueda recogerse para formar un electrón cuya vida es finita, el campo que da lugar a la energía sigue siendo infinito, eterno, imperturbable e inmortal. Los mismos términos en los que hablamos de Dios son aplicables a cualquier descripción de la realidad última. La mente es inmensamente sanadora cuando tiene la información suficiente y muchos puntos de vista para absorber.

Sin embargo, sea cual fuere el origen de la fe, la muerte sigue siendo un misterio. Muchas veces, cuando hablo sobre el significado de la muerte, siento que traigo consuelo a la gente que me escucha, pero nunca falta la persona que se pone de pie y dice, «Pero realmente no sabemos lo que sucede, ¿o sí? De todas maneras siento miedo de morir y convertirme en nada». Nadie acepta totalmente los argumentos tranquilizadores que nos ofrecen la razón o la religión.

«Pensé que comenzaba a vencer mi miedo a la muerte», me dijo una persona de edad mediana, «hasta que tuve que presenciar la muerte de mi abuela el año pasado. Las últimas etapas tardaron doce horas y, cuando al final ella tomó conciencia de su entorno, lo único que vi en su mirada fue miedo y pánico. Ella me quiso y me cuidó tanto que casi no pude soportar que el proceso fuera tan traumático para ella. Por favor ayúdeme, su mirada me persigue a donde quiera que voy».

Si bien la muerte es un proceso natural, nuestra actitud frente a ella es muy antinatural. En este caso, el miedo a esa muerte presenciada tiene su origen en un apego emocional profundo. Todo aquello a lo cual nos resistimos genera temor. Cuando alguien está muriendo, muchas veces trata de ahuyentar a la muerte diciendo, «Esto no me está sucediendo a mi, no puede ser cierto. Algo me salvará». La resistencia durante el proceso hace que éste sea cada vez más doloroso.

Pero obviamente podemos sentir ese mismo miedo sin necesidad de estar muriendo. Es el miedo el que debemos sanar. En todas las tradiciones de la sabiduría hay una expresión como la del Nuevo Testamento que dice «morir a la muerte». Esto significa experimentar la verdad sobre la muerte estando vivos. En este momento, su cuerpo no podría estar vivo sin la muerte. Miles de millones de células deben morir para permitir que otras vivan. Usted no podría pensar, sentir o soñar si su mente no permitiera que sus pensamientos viejos murieran para dar paso a otros nuevos.

Entonces es un mito pensar que la muerte 'está allá' esperándonos. La muerte está aquí mismo con nosotros, ligada a la corriente de la vida. Hay una frase maravillosa que dice, «Nunca estarás más vivo que en este momento, y nunca estarás más muerto que en este momento». Por tanto, su objetivo debería ser experimentarse a sí mismo(a) tan intensamente, sentirse tan vivo(a) que la muerte deje de ser una amenaza. No sienta que está luchando para vivir en contra de todos los obstáculos; piense que es como un río que acepta todos los cambios porque el cambio es natural al pasar de una etapa de vida a la siguiente. Sócrates, al preguntársele por qué estaba tan calmado antes de morir, dijo, «He andado hacia este destino toda mi vida. ¿Por qué debería temerle al último paso?»

Sin embargo, ¿cómo deberíamos sentirnos cuando pensamos que nosotros, o un ser amado, podríamos desaparecer y no regresar nunca? Usted tiene la opción de traer miedo o paz a ese pensamiento. Todos querríamos traer alegría y, para hacerlo, es preciso experimentar a través de la meditación y la oración el silencio profundo y sereno que mora dentro de nosotros. Una vez descubierto ese silencio, la muerte no nos tomará jamás por sorpresa. Porque morir es volver a ese mismo silencio, a la conciencia pura conocida como 'la luz'. Cuando las personas que han estado a punto de morir describen que avanzaban hacia la luz, nos informan sobre un destino que ha estado siempre en nosotros. La luz es nuestro ser puro.

Hay otra imagen. Imagine que en su interior hay un espacio al que nada puede alcanzar. Su cuerpo es como una casa que da forma a ese espacio de paz y silencio. Cuando la casa se cae y se derrumban las paredes y el techo, el espacio permanece inalterable. Solamente desaparece el cerramiento. En la muerte perdemos nuestra definición corporal, pero el espacio de paz interior, denominado alma por algunos, jamás sufre ningún daño.

De esto se trata morir a la muerte. Dedique parte de su tiempo durante el día a penetrar en su interior y conectarse con su paz. Está allí, esperando ser descubierta. Si la encuentra, no reflejará pánico en su mirada cuando llegue la muerte, porque sabrá que entra a un lugar que se ha vuelto conocido y hasta anhelado.

He aquí algunas sugerencias para comprender la muerte, no como un enemigo temible, sino como parte esencial de la vida.

Permanezca al lado de un moribundo. Supere el temor que lo obliga a apartarse o a evitar a esa persona por no querer interferir.

Trate de imaginar su propia muerte y luego su propio nacimiento. Por mucho que se esfuerce, le será imposible. No hay en ningún rincón de su conciencia la más mínima noción de principio o de fin. Piense entonces que sus padres no le dijeron toda la verdad cuando afirmaron que usted nació en un día determinado. En nuestro interior sentimos que hemos existido desde siempre, lo cual es cierto.

Salga al campo y párese al lado de un árbol viejo. Mírelo y sienta que nada de lo que ve es estable o permanente. El tronco sólido es una nube de partículas subatómicas que giran en el espacio, y cada una de ellas está vacía en un 99.9999%. Al lanzar humedad y oxígeno desde sus hojas, el árbol es una gran fuente de energía, algo mucho más dinámico y vivo que la madera y el follaje que los ojos perciben. Piense que ese aire y esa humedad fueron todo lo que se necesitó para formar un árbol a partir de los átomos creados en el instante del *Big Bang*. El árbol no es dueño de ellos y tampoco ellos son dueños del árbol. Todo es una corriente, un flujo y reflujo constante de paquetes de energía invisible. Entonces, ¿en qué punto del tiempo podemos decir que el árbol está más vivo o más muerto que en este mismo momento?

Considere la posibilidad de que la muerte podría ser su mejor aliada. Cuando la vida desea dar un salto creador, recurre a la muerte para hacerlo realidad. Por ejemplo, el oxígeno y el hidrógeno existen como gases invisibles y, no obstante, cuando se combinan para formar el agua, esa propiedad desaparece. El agua es húmeda y fluida y, al traer esas cualidades a la vida, la naturaleza sacrificó toda la apariencia gaseosa del oxígeno y el hidrógeno. Se extinguieron las formas viejas para dar paso a otras nuevas nunca antes vistas. Toda creación funciona de este modo. Hay cualidades nuevas y secretas que nadie podría imaginar que existen (¿quién podría haber adivinado la humedad del agua después de millones de años de ver solamente gases?) a la espera de nacer. La alegría de la vida está en ser parte de su nacimiento. Esto lo sabemos por todos los inventores, los artistas, las madres y los santos.

Entonces, ¿desea darse esa alegría? Si es así, entonces la muerte es su mejor amiga, porque cuando usted descarte su cuerpo y su personalidad, estará devolviendo los materiales gastados a su fuente para que adquieran nueva forma. No estará dando lugar a una repetición suya, sino a un nuevo ser que emerge con cualidades nuevas, cualidades que usted no puede imaginar en su estado actual. Yo creo plenamente en esta forma de entender la muerte, que para mí supera cualquier promesa de un cielo. Al ver la relación amorosa que la vida y la muerte sostienen a mi alrededor, no puedo creer que tenga fin o que yo no forme parte de ella.

El rostro del mal

Las personas que hacen el mal son quienes tienen la conciencia más contraída. El mal surge cuando hay un estado de desequilibrio tan severo que la persona ya no valora a nadie más. Por consiguiente, el mal es una forma extrema de egoísmo. *Sólo mi verdad y mis métodos existen* — tal es el dogma del fanático, o del terrorista. Pero el marido que maltrata a su mujer, el traficante de drogas que induce a los niños a usarlas, el atracador y el asesino se sienten igualmente separados y aturdidos.

Es posible explicar el mal. Emerson lo denominaba la ausencia del bien, eliminando la posibilidad de que el mal existiera por derecho propio. Es posible trascender el mal, como sucedió durante los ataques contra el World Trade Center, cuando las víctimas atrapadas llamaron a sus seres queridos, no para expresar su horror, sino para tranquilizarlos. El mensaje más frecuente de cara a la muerte fue, «Quería que supieras que estoy bien y que te amo».

Sin embargo, cuando los edificios se derrumbaron y la violencia se impuso sobre miles y miles de víctimas inocentes, el mal triunfó. Yo pienso en los bomberos que subían a la carrera por las escalares de las Torres Gemelas. «Estábamos evacuando en orden», dijo un sobreviente recordando el instante breve entre el impacto de los aviones y el colapso final de los edificios. «Las personas hacíamos fila en las escaleras, las luces todavía estaban encendidas y nadie parecía sentir pánico pese a que la fila avanzaba muy lentamente y se detenía a menudo. En un momento sentí que pasaba el ascensor de carga en caída libre y adentro se oían los gritos de la gente. Cuando nos alcanzaron los bomberos, la fila se hizo a un lado y todos aplaudimos, animándolos a seguir subiendo. Todavía sentíamos que seríamos rescatados. Sin embargo, momentos después todos esos bomberos estarían muertos. Todavía los veo, esos rostros jóvenes y hermosos que pasaron por nuestro lado mientras aplaudíamos — todos aniquilados de un solo golpe».

La violencia física parece ser la forma más imperdonable del mal. Ver a una persona reducida a trozos mutilados nos enferma. Cuando hay una amenaza física contra la supervivencia, la respuesta visceral prima. En algunos casos, un estallido de furia pone fin a una pelea. La represalia se convierte en el único asunto a tratar. El perdón debe esperar su turno.

Cuando nos ponemos en sintonía con el espíritu, lo que experimentamos va más allá de lo individual hasta algo más grande que todos compartimos, un alma que todo lo envuelve. Nadie está por fuera de esta alma, por horripilantes que sean sus crímenes. Me conmovió mucho ver que las mujeres de Bosnia, un lugar donde el odio salvaje ha prevalecido durante siglos, pudieran encontrar una conexión humana carente de violencia. Cuando se las entrevistó, dijeron que oraban por el fin de la violencia, sin recurrir a los clichés de la nación y la etnicidad. El sufrimiento las purificó; sintieron el sufrimiento de otras mujeres que supuestamente eran sus enemigas. Sin embargo, cuando los bomberos valerosos son exterminados en el acto mismo de brindar su ayuda, el mal no purifica. Es la llegada de las tinieblas a la tierra con actos monstruosos escogidos y cometidos deliberadamente.

Las escrituras antiguas de la India afirman que el mal y lo malo no pueden sobrevivir cerca de la santidad. Aunque no sé si esto sea literalmente cierto, me da esperanza. La bondad es una fuerza positiva. Ninguno de los horrores totalitarios impuestos sobre la humanidad en el siglo veinte se perpetuaron para presenciar su triunfo. El mal sí perece, restableciendo el equilibrio con la fuerza de creación y evolución. El muro de Berlín cayó bajo su peso, por inercia y agotamiento de la represión.

Muchas personas afirman que este proceso evolutivo es muy lento y equivale a la pasividad. Estoy de acuerdo en que en ocasiones es preciso oponerse activamente contra el mal, pero eso no significa que uno tenga que apoyar las fuerzas de la destrucción.

Es importante recordar que todo lo que hagamos para expandir nuestra conciencia actuará inmediatamente contra el mal. En esto se incluye todo el trabajo de sanación del que hemos hablado. Sea gentil cuando sienta la tentación de ser cruel. Preste atención cuando sienta la tentación de volver los ojos. Acepte que la negatividad de sus sentimientos es suya cuando sienta la tentación de culpar a otros.

La transformación personal en este nivel es la forma más elevada de combatir el mal. Mientras más despierte su conciencia, mayor equilibrio logrará. Una vez que alcance el equilibrio, podrá optar por rechazar la destrucción; su conciencia se expandirá más allá de la herida inmediata para ver que la evolución es eterna y, por tanto, eternamente posible.

Todos coincidiríamos en afirmar que la ira da lugar a muchos actos de maldad; no la ira por sí misma, sino la ira atrapada. Cuando la conciencia está abierta y libre, la ira fluye a través de ella. Esto es cierto tanto de la ira generada en su interior cuando se siente victimizado(a), como de la ira proveniente de fuera en forma de un ataque. Las dos deben desaparecer cuando hayan cumplido con su función. La función de la ira es poner en alerta los sistemas de defensa. La agresión y la defensa son parte del repertorio de supervivencia de casi todas las especies que deben competir para aparearse, encontrar alimento y ocupar territorio. Lo que es contrario a la naturaleza es aferrase a la ira. Esa ira almacenada se alimenta a sí misma hasta que finalmente se manifiesta en violencia.

Todos los sistemas vivientes tratan de volver al equilibrio cuando lo pierden. Esto es cierto de la presión arterial, de la frecuencia cardíaca, y también de la selva húmeda o de una población de aves. La presión ejercida sobre el sistema como falta de alimento, falta de un hábitat propio o la intrusión súbita de los enemigos, provoca una reacción encaminada a restablecer el equilibrio. La violencia es la respuesta más extrema al desequilibrio. A pesar de que se dice que el ser humano es violento por naturaleza, ¿acaso no somos también suaves por naturaleza? La evidencia en ambos sentidos es igualmente grande. El mal puede conducir finalmente a la tensión: llegar hasta el punto en que la persona es incapaz de manejar la agresión y no tiene otra salida que contraatacar. El hecho espantoso de que los terroristas del 11 de septiembre estuvieran dispuestos a dar la vida fue para muchos la prueba de su maldad absoluta. Yo lo interpreté como una señal de desesperación absoluta. Como individuos, ninguno de los atacantes pudo continuar tolerando un mundo que los había agredido hasta el punto en que continuar viviendo ya no era una opción para ellos.

¿Qué sucede con el fanatismo religioso? ¿Acaso no es malo? Por supuesto que sí; pero la religión no enseña el mal. La religión es llamada a servir al mal cuando la mente así lo decide. Los estudios más recientes sobre el cerebro realizados en MIT indican que cuando las personas deben tomar decisiones de tipo moral, la actividad del cerebro aumenta en el centro emocional y no en los centros racionales ubicados cerca de la corteza cerebral. Es sólo después de que la ira provoca una reacción emocional que reclutamos a la corteza cerebral para fabricar razones, incluidas las razones religiosas.

Es una ironía salvaje saber que los terroristas consideran que sus actos son producto de la virtud. Lo mismo puede decirse de los peores malvados del siglo veinte, desde Hitler hasta Pol Pot. El malhechor se considera víctima. Esto lo vemos en la vida diaria y nos produce escalofrío. Los maridos que golpean a sus esposas siempre afirman que los obligaron a hacerlo. Los asaltantes violentos afirman que dispararon porque su víctima se rehusó a entregarles el dinero.

Pero cuando planeamos la venganza contra el malhechor, lo único que hacemos es lastimarnos nosotros mismos. Esto no sucede porque el mal pensamiento pueda volverse contra nosotros, pues eso es sólo superstición, sino porque los pensamientos negativos refuerzan la fuente de la negatividad. La oscuridad se suma a la oscuridad. El hecho psicológico simple es que la mente se desarrolla a fuerza del hábito y del uso, y en la medida en que utilicemos los centros encargados de generar culpabilidad, ira, venganza, intolerancia y violencia, más se reforzarán y crecerán.

Prefiera alimentar su luz interior. La transformación no es un acto de magia. También el hábito y el uso actúan ahí. Cada vez que usted encuentre las razones más pequeñas para enviar intenciones de amor, tolerancia, perdón y paz, esos centros crecerán en su mente. El espíritu necesita de ese crecimiento.

Hay una pregunta que surge una y otra vez. ¿Por qué Dios permite que exista el mal? Siento que la respuesta está en la paciencia divina. Dios espera pacientemente a que crezcamos hasta alcanzar el estado de bondad. Dios desea que nosotros mismos encontremos el camino, a fin de que la visión perdure. Es probable que tardemos mucho tiempo, pero ése es el precio que debemos pagar por gozar de nuestro libre albedrío. Nadie nos impone decisión alguna. Sólo está el llamado de la paz y del amor como realidades elevadas a las que podemos aspirar.

¿Debemos demostrar que Dios ejerce su influencia en favor del bien? Nadie puede convencer a otra persona de que el bien triunfará sobre el mal. La realidad es que los seres humanos crecemos a través de la experiencia. Cuando el pecador se cansa de hacer el mal, ensaya la experiencia de hacer el bien y, con el tiempo, nace un santo.

El poeta Rumi, a quien suelo regresar una y otra vez, escribió: «Vivo al borde de la locura, llamando a la puerta, buscando las razones./ Cuando la puerta se abre descubro que he estado llamando desde adentro». Aunque esto puede sonar extraño, el mal se torna mucho menos amenazador cuando dejamos de verlo afuera en «ellos» y buscamos en nuestro interior. Realmente «ellos» no existen; solamente existimos «nosotros», el espíritu que se regocija en nuestra libertad de hacer y de sentir cualquier cosa, desde los actos más sublimes hasta los más atroces. Jesús y Buda no se dedicaron a predicar que debíamos llegar a ser tan buenos como ellos. Reconocieron la condición común de la humanidad y se hicieron parte de ella. Esa empatía total los llevó a la compasión. La empatía nació cuando derrumbaron las murallas construidas por el ego. La compasión brotó del peso abrumador de un sentimiento innegable, de la revelación común a todos los santos: «Todos somos uno».

La compasión total se traduce en perdón total. Usted no puede obligarse a perdonar a nadie. El perdón no pertenece al ámbito de la mente. Es un sentimiento del corazón. Entonces nos enfrentamos nuevamente a una paradoja, porque tal parece que cuando nos ablandamos de corazón y sanamos cariñosamente sus heridas, nos protegemos contra el mal. Cuando construimos fortalezas para protegernos, solamente nos hacemos más vulnerables. Sanar el corazón es lo único que podemos hacer realmente para cambiar el mundo. Nuestra propia transformación nos llevará tan lejos del mal que no contribuiremos a él con una sola palabra, un solo pensamiento o un solo suspiro. El proceso de sanar es como recuperar el alma.

La recuperación del alma

Una madre que viaja con su hija aguarda impaciente ante el mostrador del aeropuerto. Su vuelo está demorado. ¿Hay alguna solución? La funcionaria de la aerolínea consulta la computadora y le ofrece otro vuelo. La mujer sonríe aliviada, toma sus nuevos boletos y sale corriendo hacia el terminal. Una esposa con reservas para viajar un miércoles decide adelantar su viaje y, también ella tiene la suerte de encontrar cupo. Espera reunirse con su marido en pocas horas. La espera tediosa en los aeropuertos inducen a un padre a matar el tiempo llamando a casa para conversar con su hijo de cinco años que todavía no sale para el jardín infantil. Cuando anuncian el vuelo, el padre le dice, «Papito te ama» y cuelga.

En menos de dos horas, estas personas habrán desaparecido de la faz de la tierra. ¿A dónde fueron? ¿Alguna parte de ellas sobrevivió a la tragedia? La muerte siempre provoca ansiedad con respecto del alma. Durante la tragedia provocada por el terrorismo no se encontraron restos recuperables de las personas que murieron, lo cual hizo que el suceso fuera más angustioso para los sobrevivientes. Una madre de cinco hijos estaba casada con un bombero que pereció durante los esfuerzos de rescate. Cuando le preguntaron qué le había dicho a los niños, contestó: «Les dije que habíamos tenido mucha suerte. Que por lo menos habíamos recibido la bendición de que nos entregaran su cuerpo».

El horror que produce la desaparición completa de un ser querido no se puede poner en palabras. Una parte primitiva de nosotros siente que las cosas sólidas, materiales, son el ancla de la realidad. El alma, si es real, es completamente invisible. Es difícil creer en ella con la misma convicción que creemos en nuestra presencia física, la cual nos produce tanta seguridad mientras vivimos.

Yo mismo me encontré en este limbo entre la duda y la fe cuando mi padre murió súbitamente en su octava década de vida. «Daddy-ji» tenía el don de la santidad; era callado y muchas veces prefería pasar desapercibido; prefería oír que imponer sus puntos de vista. Con los años comenzó a preocuparse mucho por mi madre, quien se tornaba más enfermiza que él a medida que envejecía. Una noche de un mes de noviembre se paró de la cama y la despertó. Posteriormente reconocí claramente que se había levantado para despedirse. Besó a mi madre, regresó a su cuarto sin hacer ruido y cerró los ojos. La muerte lo encontró en paz y plenamente consciente. Mi padre eligió un camino de dignidad y serenidad al dejarnos, sin provocar perturbación alguna.

Sin embargo, dejó un gran vacío en mi corazón. No estaba preparado para este suceso, aunque creía estarlo. La familia se reunió en Delhi y por primera vez viví los rituales de la muerte. Acudí al *ghats*, el lugar de las cremaciones al lado del río, y leí la lista de todos nuestros ancestros que habían sido cremados allí desde cientos de años atrás. Fui el encargado de supervisar la cremación de los restos de mi padre, lo cual me produjo un sentimiento a la vez de consuelo y de temor personal. El crematorio huele a muerte. No hay forma de escapar de la presencia de esa sombra, y aunque es difícil presentar estas palabras a un lector occidental, cuando las cenizas de mi padre aún estaban calientes, me llamaron para que desintegrara el cascarón deleznable del cráneo con un palo. Fue el rito final de la liberación. Me percaté de los sonidos de una banda de bodas que tocaba en la distancia y de unos niños que jugaban criquet a unos cien metros. En ese momento de tristeza se me reveló claramente la continuidad de la vida.

Cuando presencié la escena televisada de la desaparición instantánea de seis mil personas, comprendí lo que la viuda del bombero quiso decir cuando habló de la bendición de haber recuperado su cuerpo. Necesité meses de reflexión para poder responder mi pregunta de a dónde se había ido mi padre. Era el ser amoroso que nunca me había faltado y que, súbitamente, había dejado un vacío.

¿Puede una brizna invisible de espíritu ser tan real como nuestro cuerpo físico? La cosas no son reales sólo porque podamos verlas y tocarlas. Eso no es más que una ilusión de los sentidos. Un acantilado de granito es real porque unas fuerzas invisibles sujetan en masa unos paquetes invisibles de energía. Nunca nadie ha visto la fuerza de gravedad ni la curvatura del espacio y, aún así, su existencia es más cierta que la del granito, el cual se disolverá y dejará de existir miles de millones de años antes de que lo haga la gravedad. En efecto, todas las cosas más reales son invisibles. Nadie ha palpado nunca el tiempo. La verdad no deja huellas. El amor rehuye a los cinco sentidos.

Entonces, recuperar el alma no es cuestión de tratar de creer en algún fantasma invisible por primera vez. ¿Podemos entonces confiar en la existencia del alma aunque no pueda prevenir el azote del dolor, la violencia y el sufrimiento?

La mejor forma de comprender al alma no es como una brizna fantasmal sino como el ser verdadero presente en usted en este mismo momento. No puede ver a ese ser, pero cuando siente el impulso del amor es porque está en contacto con él. No hay duda de que usted tiene un ser, de tal manera que pasar a ese otro nivel, el de su ser verdadero, no representa una hazaña formidable.

Cada uno de nosotros hemos llegado a creer firmemente en un ser falso construido a partir de ego. Hemos mencionado al ego varias veces, pero quisiera resumir su sistema de valores por medio de unas cuantas palabras clave: limitado, constreñido, apegado, posesivo, cerrado y temeroso. La sola lista nos hace dudar de que alguien quisiera ser fiel a esos valores, pero basta considerar hasta qué punto determinan el comportamiento.

El verdadero ser tiene valor inmediato porque puede satisfacer unas necesidades que el ego no puede. Estas necesidades, mencionadas anteriormente, son las siguientes:

La necesidad de seguridad.
La necesidad de pertenecer.
La necesidad de reconocimiento.
La necesidad de ser importantes para los demás.
La necesidad de expresarnos libremente.
La necesidad de amor.

El deseo y la realización son el ritmo natural de la vida. Cada una de estas necesidades existe para ser satisfecha. Su verdadero ser ya está realizado, de manera que al fusionarse con él, usted podrá sentirse completamente deseado(a), seguro(a), digno(a) y amado(a). Podrá expresarse natural y libremente. Será más importante de lo que nunca imaginó.

El ego ve las mismas necesidades y siente los mismos deseos, pero busca la realización afuera. Las personas tratan de convencerse a sí mismas de que son importantes porque tienen posición y dinero. Creen que se expresan si hacen oír sus opiniones. Tratan de pertenecer ascendiendo por la escala del éxito. La estrategia de buscar afuera es la única que el ego conoce. El verdadero ser conoce solamente la estrategia de buscar en el interior.

Tengo un amigo que se mudó hace poco al centro de Boston y, por primera vez, se siente acosado por los mendigos cuando va de camino al trabajo a pie. Se le atraviesan, uno por uno, presentándole el tarro y pidiéndole unas monedas. «Durante un tiempo no les presté atención», dice, «pero es imposible. Uno de ellos me abría la puerta cuando llegaba al banco y con sarcasmo mal disimulado me decía, 'Permítame ayudarle a entrar. Quizás así me recordará cuando salga'. Resentía esa forma de amabilidad y a las pocas semanas los odiaba a todos. ¿Por qué no podía ir tranquilamente a mi trabajo sin ser acosado por todas esas manos extendidas?»

Después de luchar con su ira y su culpa — e hizo lo correcto — mi amigo tuvo una idea fabulosa. ¿Por qué sencillamente no dar unas monedas a todo el que se las pidiera? «Funcionó de maravilla. Decidí llevar monedas en los bolsillos y darle a todo el que me pidiera. Mi ira desapareció como por encanto. Y entonces comprendí. Reconocí que esas personas realmente están perdidas y solas, y que era un acto de crueldad de mi parte negarles la suma ínfima que deseaban».

Es asombroso lo que sucede cuando la ira mezquina se transforma en un sentimiento noble como la compasión. Sin embargo, en este caso sucedió en un instante, gracias a un simple cambio de percepción. El verdadero yo no nos obliga a ser buenos. Toma nuestros impulsos existentes y los presenta en una luz diferente. La luz abre las puertas del corazón. En varios momentos del día, todos sentimos el impulso de ser santos, por imperceptible que sea. Camine diez minutos por las calles de una ciudad y verá a su alrededor muchas razones para dar, ayudar, brindar caridad y compasión, perdonar, e incluso amar. En cada situación sentimos la necesidad de aislarnos, porque se ha convertido en hábito, pero también sentimos aflorar un impulso diferente. Esas señales diferentes provienen del verdadero ser.

Tome nota de ellas y siéntalas. Acójalas en lugar de reprimirlas. Evite el hábito de volver la cara o sentir temor de actuar. Actúe cuando pueda. Aprecie su bondad y felicítese cada vez que se acerque un poco más, aunque sea un centímetro, a su verdadero ser. Ése es el programa, y es muy sencillo. No hay necesidad de pensar en el alma como una abstracción impuesta por la teología. Es un aspecto de usted mismo que está a la espera de ser reconocido.

El credo del verdadero ser es gozar con el desprendimiento. La dicha emana del hecho de no tener que aferrarse a un territorio pequeño y amurallado. El desprendimiento emana de tener la conciencia tan expandida que todo es y no es suyo a la vez.

En los días que siguieron a la muerte de mi padre me pregunté una y otra vez sin sencillamente se había extinguido, si ese ser amado ya no existía y si no tenía otro lugar a donde ir aparte de un gran vacío. Me di cuenta de que mis dudas provenían del plano emocional, pero ¿y qué? Las emociones necesitan satisfacción tanto como la mente, si no más.

Entonces un día opté por no resistirme más a la imagen de mi padre desaparecido y sentí una oleada de alivio al descubrir que no podía desaparecer porque realmente nunca había estado aquí. El alma, o el verdadero ser, no está dentro de nosotros, y tampoco afuera. Al igual que la gravedad o la verdad, el alma está en todas partes. Por consiguiente, en el momento de la muerte no tiene que ir a ninguna parte, ya ha llegado. Imagine una serie de círculos concéntricos metidos unos dentro de otros. Ahora imagine que vive en cada uno de ellos, comenzando por el más pequeño.

El primer círculo es su cuerpo y el mundo físico de los cinco sentidos. Ahí reside usted en el tiempo, a medida que éste transcurre.

El segundo círculo corresponde al patrón de las ondas cerebrales en el que se originan sus pensamientos, sentimientos y deseos. Ahí reside usted en la mente.

El tercer círculo es el patrón invisible de energía a partir del cual se creó el cerebro. Ahí vive usted en medio del juego de las fuerzas naturales.

El cuarto círculo es el campo que se extiende por el cosmos hasta el infinito, a partir del cual se origina toda la energía. Ahí reside usted en las ondas fluctuantes del océano cósmico.

El quinto círculo es el campo de silencio y quietud que une a todos los campos de fuerza, a partir del cual surgieron el tiempo y el espacio. Ahí reside usted dentro del océano mismo.

El sexto círculo es el útero mismo del universo —dimensiones infinitas envueltas las unas en las otras. Ahí reside usted en la cuna de la creación, antes de que ésta ocurra.

El séptimo círculo es el de lo no creado — Dios, Brahma, el Uno y el Todo. Ahí reside usted eternamente.

Lo que reconocí con esa oleada de alivio es que nadie tiene que ir a ninguna parte. *Todos esos planos existen al mismo tiempo.* Usted y yo nos encontramos en la calle como dos cuerpos, pero también nos encontramos como dos mentes, dos almas, dos ciudadanos del cosmos. En últimas ya no nos encontramos sino que nos fundimos en el océano del espíritu. Somos uno.

Lo único que cambia es la percepción. Usted y yo elegimos el círculo al cual pertenecemos y, una vez lo identificamos, lo llamamos nuestra realidad. El ego, en el círculo interno, nos brinda la realidad más limitada. Cuando mira por encima de sus murallas a una realidad más amplia, aunque sea al punto de vista de otra persona, el ego dice, «¿Y qué tiene que ver eso conmigo?» Pero el ego no existe con el propósito de negar el alma. Existe porque es necesario.

La fuerza de la evolución tira de nosotros, invitándonos a ver los círculos más grandes. Ese tirón viene del alma, la cual ya conoce todos los planos de la realidad, desde las tinieblas más oscuras hasta la luz eterna.

Durante muchos siglos, nadie supo absolutamente nada sobre el funcionamiento del cerebro, o la gravedad, o las partículas subatómicas. El hecho de que nadie las percibía no significaba que no existieran. Lo que sucedía es que una realidad expandida hasta el infinito estaba ahí esperando que cruzáramos nuestros propios límites. Cuando lo hicimos, las percepciones cambiaron, dando lugar a mundos nuevos.

Cuando usted experimente el sufrimiento pero logre al mismo tiempo reconocer el trabajo del alma, se sentirá dichoso(a). Habrá comprendido el mensaje que encierra el sufrimiento. Personalmente pude aceptar la pérdida de mi padre de una manera completamente diferente: no fue una pérdida en lo absoluto. Se hizo más presente en mí que nunca. Sentí que conocía a su verdadero ser al conocer al mío. Fue la conexión de nuestras almas. Había cruzado un límite muy doloroso en el plano de los sentimientos. Habían desaparecido el rostro amado de mi padre, su voz, su cercanía física. Había sentido el temor opresivo de perderlo también como individuo. Ahora me regocijo al saber que nadie posee un «yo» individual, no en el plano del alma. Usted y yo vagamos por el universo queriendo ser individuos. La pérdida es un fantasma proyectado por el ego, el cual solamente cree en el «yo» individual.

¿Qué somos usted y yo realmente? Somos expresión de todo el universo. El universo dio lugar a usted y a mí como personas separadas, pero no nos desterró de su abrazo infinito. En este mismo momento estamos por fuera del tiempo con la misma certeza de estar dentro de él.

En la misma medida en que usted necesita del mundo para vivir, el mundo necesita de usted para existir. Usted es la única forma como el universo puede experimentar exactamente las cosas que usted siente, ve, toca, piensa y desea como ninguna otra persona. Los patrones emergen y desaparecen, desvaneciéndose como el polvo. Con una parte de su ser usted actúa dentro de esos patrones, creando dramas de luz y de oscuridad. Pero con otra parte de su ser, usted es conciencia pura, creatividad pura, posibilidad pura. Usted es la fuente. Por tanto, cuando muere, ocurre el mismo proceso que llevó a su nacimiento. La fuente reorganiza los patrones nuevamente. Piense en la vida eterna mientras contempla este instante, a la vez como un nuevo nacimiento y una nueva muerte.

Recuperar el alma es un viaje desde un círculo de la conciencia al siguiente. La expansión de la conciencia no nos lleva a ninguna parte. Podemos tener una revelación que nos cambia la vida un viernes o en un sitio específico como Chicago o Jerusalén. Pero ellos son solamente trozos del paisaje en movimiento. Los planos más elevados en los cuales residimos están en todas partes y en ninguna. Los límites se borran un poco en el ámbito del arte y de la música, y se borran todavía más en el ámbito del amor.

Jesús describió el viaje con una precisión bellísima cuando dijo que la libertad significa 'estar en este mundo sin ser de él'. Igualmente hermosa es la enseñanza de los Upanishads que dice que para un ignorante, la experiencia es como escribir en la piedra; para alguien que ha comenzado a conocer el espíritu, la experiencia es como escribir en el agua; para alguien que se ha liberado, la experiencia es como escribir en el aire.

La finalidad espiritual de la vida es gozar con desprendimiento. Por el camino hacia la sanación usted experimentará momentos de ambos, aunque habrá tramos donde ambos le eludirán. Su ego hará oír sus exigencias y entonces usted tendrá que ocuparse del «Yo, el mí y el mío». Esto es natural. El círculo más estrecho de su ser, el sitio del ego y sus necesidades, es tan sagrado como los círculos más amplios. Decir que alguien tiene un yo falso es relativo. Es más cierto decir que todos escribimos nuestra vida en piedra, a la espera del día en que podamos escribirla en agua y con la certeza de que llegará el momento en que la escribiremos en aire.

Segunda parte

Cien días de sanación

Mi alma puede conducirme a la sanación.
Seré uno con mi verdadero ser.

Iniciamos el proceso de sanación con esta primera afirmación. Después vendrán otras noventa y nueve expresiones del espíritu, una para cada día. En su conjunto, resumen el proceso de sanación emocional y espiritual. Nos ayudan a trasladar la atención del mundo exterior al mundo interior, fuente de la luz. El sufrimiento amenaza con privar a la vida de todo significado. Ése, y no el dolor que provoca, es el mayor peligro que encierra. Nos toca a nosotros recuperar el significado. Los médicos no podrán ayudarnos con su medicina; los amigos no podrán hacerlo con sus palabras de aliento y consuelo. Usted sanará solamente cuando pueda decirse sinceramente, «Yo importo, yo pertenezco, yo valgo, gozo de seguridad, puedo expresarme, soy objeto de amor».

La sanación interior implica pasar de la oscuridad a la luz. Si bien la palabra luz tiene muchos significados, generalmente se entiende como sinónimo de amor y comprensión. El amor nutre al cuerpo emocional; la comprensión llena los vacíos dejados por la pena.

Cuando entre en contacto con su verdadero ser, descubrirá que el alma no es pasiva. El espíritu sabe más sobre nosotros que nosotros mismos, y desea apoyarnos a lo largo de todo el camino hacia la unidad. Al viaje del alma se le ha llamado el camino sin sendero porque no hay mapa. Los pasos de cada quien son distintos. Pero las grandes tradiciones de la sabiduría nos han proporcionado muchos elementos de ayuda acerca del espíritu. Las páginas siguientes contienen pensamientos orientadores para cien días, algunos en forma de afirmaciones, otros de revelaciones, lecciones y ejercicios, que han demostrado encender la chispa de la sanación personal durante siglos. Todos son sutras (del sánscrito 'hilo') o aforismos que contienen poder.

La luz tiene el poder de llenar el vacío provocado por la oscuridad. La sanación viene en dos etapas: liberar la energía del sufrimiento y luego reemplazarla por la energía del alma. Es un proceso suave, como seguir el hilo al dar cada paso. Lo que se inicia apenas con una ligera sensación de fuerza va creciendo. Su verdadero ser siempre estará a su disposición para superar cualquier obstáculo, encontrar respuestas y mostrarle el camino para salir de cualquier dilema.

Lo que importa es su conexión con ese ser verdadero. Cuando somos presas del miedo y el aislamiento, el alma se nos antoja distante, carente totalmente de poder. Pero esa percepción es producto de seguir las directrices del ego, que es lo que todos hemos hecho. Si dedica tiempo a oír la voz del alma — donde el ego permanece en silencio — se sorprenderá del poder que tiene a su disposición, por mucho tiempo que haya sido olvidado. No hay otro descubrimiento que produzca más dicha en la vida que recuperar nuestro verdadero ser. Enamorarse es lo único con lo que se lo puede comparar, aunque es un suceso transitorio y depende de otra persona, el ser amado. El verdadero ser es eterno y no depende sino de nosotros mismos. El dicho de que el sufrimiento ennoblece a la persona no significa otra cosa que, ante el embate de la crisis, los viejos hábitos y las viejas percepciones pierden su asidero. Lo desconocido se hace palpable y, al abrirnos a él, el significado del alma se revela como una verdad nunca prevista antes de iniciarse la crisis. Es así como reconocemos que todo sufrimiento encierra un mensaje espiritual.

Día 1

Mi alma puede conducirme a la sanación.
Seré uno con mi verdadero ser.

Esta afirmación se relaciona con la meta del viaje de sanación, la cual es la unidad. Lea ésta y las demás afirmaciones que siguen. Absorba en silencio las palabras. Cierre los ojos y repítalas mentalmente. Respire normalmente durante algunos momentos. Después lea las palabras en voz alta. Repítalas unas cuantas veces, o tantas como desee hacerlo. Si siente dudas o una sensación de resistencia, permítase experimentarlas hasta que se desvanezcan. Las capas de resistencia son normales. Póngase en contacto con la parte de su ser que comprende y acepta la afirmación. Termine agradeciendo a su alma y pídale iluminación durante el día.

Día 2

Mi alma está conmigo.
Está tan cerca como mi aliento.

Esta afirmación se relaciona con la cercanía del verdadero ser. Utilice esta afirmación para el día de hoy y cada vez que la repita termine respirando suavemente y sintiendo su respiración como una luz fresca, calmante y blanca. La respiración es el movimiento del espíritu en su expresión física más sutil. Cuando usted respira lenta y suavemente, el cuerpo se relaja, la mente encuentra su centro de quietud y se prepara el escenario para la inspiración — el fluir del espíritu.

Día 3

Mi alma está afuera y adentro.
La luz está en todas partes.

Esta afirmación se relaciona con el hecho de ver más allá de los límites físicos. Al pronunciar esta afirmación en voz alta, termine respirando suavemente y visualizando una luz blanca que emana en todas las direcciones, llenando cada espacio de su cuerpo y cada rincón del recinto.

Mi alma es mi ser.
Me conoce y me escucha.

Esta afirmación se refiere a la capacidad que tiene el alma de escuchar. Al pronunciar esta afirmación, imagine que su ser se extiende en todas las direcciones, lo mismo que la luz. Visualice a su ser llenando su cuarto, luego su casa y luego el espacio alrededor de su casa en todas las direcciones. Todo eso es su ámbito. Puesto que está lleno del espíritu, le conoce y se interesa por usted.

Mi verdadera necesidad es conocerme
como mi alma me conoce.

Esta afirmación se refiere al propósito de la sanación. Cuando una persona sufre, tiene una gran necesidad; se siente como un niño perdido, mucho más que en circunstancias normales. Es normal la sensación de abandono e indefensión. Pero esas necesidades son un recuerdo del pasado, un vestigio de la infancia. Su verdadera necesidad ahora es de conocimiento y poder. Para sanar, usted debe comprender, y cuando haya comprendido, necesitará de esa energía para recuperarse de la pena y seguir adelante.

Día 6

Mi alma sabe que soy un ser completo e íntegro.

Esta afirmación se relaciona con el proceso de adquirir una imagen indivisa de usted mismo(a). La definición sencilla de la unidad es aquello que permanece igual cuando todo lo demás cambia. Ese algo es el espíritu. Su presencia se siente en forma de dicha con desprendimiento. Es así como lo percibe su verdadero ser.

Día 7

Mi alma sabe que soy un ser manso.

Esta afirmación se refiere a la necesidad de no usar la fuerza. Pronuncie esta afirmación y trate de reconocerse como un ser manso. Obsérvese mientras dice una palabra amable o realiza un acto de compasión. Podría ser algo tan sencillo como dar las gracias, una palmada en el hombro, una palabra de comprensión. Tome conciencia de la sensación que le produce. Sumérjase en ella. Pida que esos momentos sean más frecuentes. Estará actuando desde su verdadero ser.

Día 8

Mi alma sabe que soy un ser de paz.

Esta afirmación se refiere a la necesidad de no alber-
gar ira. Después de pronunciarla, reconózcase como
un ser de paz. En algún momento del día, cuando se
descubra en estado de ira, recuerde que esa persona
no es usted realmente. Deje pasar la energía de la ira
como si fuera un visitante a quien no se le permite que-
darse. Permítale manifestar lo que vino a decir, pero
sepa que su fidelidad está en otra parte, con su verdadero ser.

Día 9

Mi alma sabe que no carezco de nada.

Esta afirmación se refiere a que usted se basta a sí mismo para enfrentar cualquier dificultad. Utilice esta afirmación para el día de hoy. Durante la jornada, tome nota de todas las cosas que desea adquirir, poseer o conservar como suyas. No juzgue sus impulsos; solamente tome conciencia de ellos. Recuerde que las cosas llegan y se van, pero que usted nació en la plenitud que lleva en su interior. Nada le falta. ¿Hay una ansiedad subyacente tras el deseo? El ego desea adquirir cosas por su inseguridad, por su sensación de carencia. Recuerde que todo llega y se va, excepto el alma. Es desde el alma que la persona adquiere la sensación de plenitud interior. Al alma nada le falta y, por tanto, no siente ansiedad con respecto al mundo exterior: ganar no es una necesidad, perder no es una amenaza.

Deepak Chopra

Día 10

Mi alma sabe que soy dichoso(a) porque soy libre.

Esta afirmación se relaciona con la libertad. Después de pronunciarla, practique a no aferrarse a nada durante el resto del día. No aferrarse significa aceptar lo que suceda sin rebelarse ni resistirse. A través de la aceptación usted está siempre dispuesto(a). Equivale a decir, «Doy permiso para que los demás sean conmigo como yo soy conmigo mismo(a)». La aceptación hace que los demás se sientan a gusto, lo cual a su vez posibilita el amor. Si usted se siente pleno(a) y completo(a), si no carece de nada, si sus deseos llegan y se van fácilmente, siempre será libre. La dicha total está en esa libertad. No podrá ser lastimado(a), no en su verdadero ser.

Día 11

Veré a todo el mundo como me veo a mi mismo(a).

Está afirmación se refiere a la percepción. Tras pronunciarla, reflexione sobre ella unos momentos. Hay muchas diferencias innegables entre las personas. Somos físicamente diferentes; tenemos distintos gustos y orígenes. Si usted se concentra en las diferencias, como suele hacer el ego, no podrá escapar a la tentación de creerse mejor o peor que otra persona. Ése es el juego de la comparación, la cual siempre engendra un juicio. Sin embargo, sin tratar de borrar ninguna diferencia, podrá abstenerse de jugar a la comparación. Permita que todos tengan lo que usted: la unidad. Vea con los ojos de su verdadero ser, reconozca que es un ser completo y que los demás deben serlo también.

Día 12

Velaré por todas mis necesidades, salvo una: la necesidad de juzgar a los demás.

Esta afirmación se refiere a deshacerse de la necesidad de juzgar. Que ésta sea la lección de hoy. Considere lo que sucede cuando juzga a alguien: hace que esa persona no tenga razón. La otra persona no tiene razón de sentirse de cierta manera, de verse de cierta manera, de tener ciertas opiniones. Los juicios provocan inmediatamente una separación. Toda persona que no tiene la razón pasa a ser uno de 'ellos'. La necesidad de juzgar emana de la necesidad de aislarse — es la forma de defensa del ego. Pero también hace que usted se aparte de su verdadero ser. Las mismas murallas que dejan a las otras personas por fuera impiden el flujo del espíritu. Cuando aprenda a no juzgar, básicamente dirá, «Estoy dispuesto(a) a dejar entrar cualquier cosa sin decidir primero si es buena o mala». Esta práctica de abrirse es una forma de invitar al alma a un contacto íntimo.

Día 13

No opondré resistencia a los demás.

Esta afirmación se refiere a superar los obstáculos. Practique lo siguiente durante el día: trate de oír a las personas a quienes no suele prestar atención, acepte una sugerencia o un cumplido que normalmente desecharía, mire con ojos inocentes a una persona cuya apariencia le parece desagradable. Sienta esa receptividad, la cual siempre será contrarrestada por la tendencia contraria, es decir, la tendencia al aislamiento. ¿Es débil o fuerte su resistencia ante la receptividad? ¿Se siente bien cuando opone resistencia? Con la práctica descubrirá que el secreto de muchas experiencias espirituales, entre ellas la capacidad de amar, está en no oponer resistencia.

No opondré resistencia a mí mismo(a).

Esta afirmación se relaciona con la aceptación de sí mismo(a). Practique hoy a no rechazar ningún aspecto de usted mismo(a) que le disgusta o prefiere no aceptar. Las formas más comunes de resistencia son la negación y la represión. La negación dice, «Realmente no siento nada». La represión dice, «No se me permite sentir». Hoy, cuando se enfrente a situaciones que normalmente le producen irritación o tensión, sienta lo que sucede en su interior. Cuando vea algo hermoso o que le conmueve el corazón, sienta lo que sucede en su interior. Descúbrase en el acto de desechar sus sentimientos. Permita que sus reacciones broten como lo deseen. Y, en particular, no tome como definitiva su primera reacción. La negación y la represión intervienen para cerrar las puertas de las emociones con la velocidad del pensamiento. Vuelva mentalmente dos o tres veces a cualquier situación que le haya provocado una reacción, y observe el desenvolvimiento en sus planos más profundos.

Mi verdadero ser reacciona con amor.

Esta afirmación se relaciona con el reconocimiento de una verdad espiritual. Piense hoy acerca de la naturaleza del amor. El amor tiene dos caras: la personal y la impersonal. El amor personal se siente en la medida en que «yo» obtenga algo — placer, validación, aceptación, reconocimiento por ser importante — de manera que se origina en las necesidades del ego. Para que usted pueda dar su amor personal a alguien más debe existir un acuerdo, un intercambio y un negocio con esa persona. Si alguno de los dos viola el compromiso, el amor se acaba. El amor impersonal emana del verdadero ser, el cual no necesita exigirle nada a nadie. El amor personal no significa ser indiferente ante los demás sino extender el abrazo más allá de la personalidad y del ego. Ese amor produce un placer intenso y no exige precio alguno. Usted no le debe su felicidad a nadie. El hecho de desvincularse del ego significa una gran libertad para el alma. Puede encontrar amor en cualquier cosa que vea. Mientras el ego reacciona con ira, miedo, apego, codicia, evasión, odio, violencia o agresión, el verdadero ser siente solamente el flujo constante del amor impersonal. Afirme esto hoy y reconozca que el amor del alma lo espera.

Día 16

Hoy veré una cosa como si la viera por primera vez.

Esta afirmación tiene que ver con lo nuevo. Haga de ésta su promesa para el día de hoy. Deténgase a mirar una cosa con la misma expectativa que sintió la primera vez que posó sus ojos en ella. Su alma ve toda experiencia a través de unos ojos nuevos. No son las cosas que le rodean las que se han hecho rancias y aburridas, sino su percepción la que las ha hecho parecer deslucidas. Tome nota de la rapidez con la cual decide si le agrada o le desagrada algo. Algún recuerdo viejo le estará diciendo cómo reaccionar. Sabe de antemano lo que le gusta y lo que no, lo que aceptará o rechazará. Pero usted puede optar porque no sea así. En el espacio minúsculo previo a la reacción — o en la pausa que viene después — usted puede ser receptivo(a). Pida a su alma su reacción, la cual es siempre de apreciación. Hoy permítase aplicar nuevos sentimientos de apreciación a una flor, a una cortina que ondea en la brisa, al juego de un niño, a un árbol que adorna la calle — cualquier cosa que haya dado por descontada y que pide a gritos ser apreciada.

Día 17

Llenaré a alguien de luz.

Esta afirmación se refiere a la comunicación. Practique lo siguiente hoy: sienta un impulso de amor consciente y conviértalo en un presente. Envíe ese impulso de amor a una persona que lo necesita, a una persona a quien ya usted ama, o a todos los seres del mundo. Déjelo ir. Su presente será recibido en el banco espiritual donde se guarda la luz.

Retiraré mi juicio en contra de alguien.

Esta afirmación se refiere al perdón. Practique lo siguiente hoy: piense en una persona a quien ha juzgado negativamente y retire ese juicio. Busque las palabras que desee: *lo lamento; no fue mi intención; he cambiado de opinión; retiro lo que sea que lo(a) haya herido.* Pero no debe limitarse únicamente a las palabras. Sitúese en un ámbito de amor de manera que se sienta realmente en disposición de enmendar la situación con sinceridad. Los pensamientos tienen el poder de herir. Al retirar un pensamiento negativo, usted estará ofreciendo sanación.

Día 19

Todos y cada uno de mis pensamientos tienen
el poder de herir o de sanar.

Esta afirmación se refiere a la energía espiritual. La lección para el día de hoy es la siguiente: reconozca que cuando piensa en alguien, el efecto es acercarse a esa persona o distanciarse de ella. El poder que nos acerca a las personas es el amor. Cuando usted piensa en una persona con amor consciente, su instinto natural es acoger, y toda persona acogida es liberada de la separación. El miedo distancia a las personas. Toda persona a quien usted aleja es empujada hacia la separación. Sus pensamientos pueden parecerle poca cosa y, no obstante, cada persona ocupa un espacio emocional frágil y puede ser herida fácilmente. Hoy acoja a todas las personas que pueda dentro de la luz. Esto es vital para su sanación y la de los demás.

Día 20

Utilizaré mis pensamientos sabiamente y respetaré su poder.

Esta afirmación se refiere a la responsabilidad. Después de pronunciarla, siéntese en silencio y traiga a su conciencia a todas las personas que conoce. Véalas reunirse en la plaza de un pueblo. Imagine que usted es quien gobierna sobre esas personas y tiene el poder de herir o de beneficiar a quien desee. Ahora mire los rostros vueltos hacia usted y diga, «Utilizaré mi poder con sabiduría». Con esta promesa usted reconoce el papel que desempeña en la sanación de todo el mundo. De esta manera usted pone sus pensamientos al servicio del espíritu.

Día 21

Pido al universo que escuche. Necesito ser importante.

Esta afirmación se refiere a salir de los límites. Que ésta sea su petición de hoy. La necesidad de ser escuchado(a) es distinta de la necesidad de recibir atención. Usted está rodeado(a) de una inteligencia infinita, la cual está a su disposición en todo momento. Comience a aprovecharla pidiendo ser escuchado(a). Si usted pide conscientemente a la inteligencia superior que se percate de usted, con el tiempo notará que así sucede. Las cosas que desea que sucedan vendrán con mayor facilidad, como si fueran fabricadas por una mano invisible. Su verdadero ser no ve nada de magia en ese dominio del tiempo y del espacio. Aunque funciona de manera invisible, la magia realmente es usted. Por tanto, pida al universo que hoy usted necesita ser importante, y el universo lo escuchará.

Día 22

Puedo encontrar a mi alma aquí y ahora

Esta afirmación se refiere al momento presente. Haga esta promesa para el día de hoy: trate de estar tan presente como pueda y cuando se dé cuenta de que se ha ido del presente, pida regresar. La mente se escapa fácilmente del ahora. Fabricamos fantasías sobre el futuro. Traemos los recuerdos del pasado. Cuando nos sentimos desgraciados prevemos la pena que nos ha de embargar o recordamos la que sentimos en el pasado. Cada desvío nos saca del presente. Sin embargo, el aquí y el ahora es el único punto de encuentro donde usted hallará su alma.

Este momento es el punto estático alrededor del cual todo gira.

Esta afirmación se relaciona con el foco. Haga de ésta su lección de hoy: todo lo que le rodea está en movimiento constante. Mientras corre detrás de los sucesos posterga el día en que podrá parar. Pero solamente puede parar ahora. La razón de parar es para apreciar lo que encierra el ahora, que es la quietud. Dentro de la quietud hay un tesoro. Se puede descubrir con tan sólo entrar en el silencio de la conciencia — la mirada del alma. Si desea abrir el tesoro de su alma, considere el momento presente como algo precioso — el punto estático alrededor del cual gira el mundo.

Día 24

Pido reposo y paz.

Esta afirmación se relaciona con la atención. Practique esto durante el día de hoy: preste atención solamente después de tenerla en la serenidad de su interior. Todas las cosas que se atraviesen en su camino hoy le exigirán su atención. Usted podrá prestar atención de dos maneras: desde un lugar de actividad, o sea la mente inquieta, o desde un lugar de quietud, o sea la mente serena. Esa disyuntia se presenta siempre. Usted puede sentir que su mente es inquieta por naturaleza, pero en el fondo es serena. Hoy, cuando se dé cuenta de que su atención está dispersa, inquieta, en movimiento, descontenta o enfocada en las cosas externas como los horarios y las fechas límite, pare y escoja. Pida un lugar tranquilo desde el cual pueda apreciar el siguiente suceso. Ponga alto al diálogo interno con su constante parloteo y sus exigencias. Reconozca que la razón de tener la conciencia serena es que es su verdadero ser.

Respeto mi quietud.

Esta afirmación se relaciona con los valores. Después de pronunciarla, realice sus actividades siendo fiel a las cosas que respeta. Aprecie el hecho de que puede parar cuando quiera y sentirse en paz, aunque sea tan sólo unos momentos. Respetando la quietud estará en contacto con una parte del tesoro del alma.

Día 26

Seré receptivo(a) al apoyo que me brinda el espíritu.

Esta afirmación se refiere a la orientación. Haga la promesa de buscar orientación en su interior el día de hoy. Todos necesitamos apoyo y generalmente lo buscamos por fuera de nosotros, en la familia, los amigos, los colegas y otras personas que piensan como nosotros. Este tipo de apoyo nos hace sentir que tenemos la razón. El ego se siente tranquilo al saber que no está solo. Pero el espíritu desea desarrollarse de manera única; envía su apoyo a la persona interior. En lugar de hacerle sentir que tiene la razón, el apoyo del espíritu refuerza la sensación de libertad, paz, amor y conciencia. Sea receptivo(a) a esos sentimientos, porque la receptividad es el primer paso hacia la transformación.

Día 27

Valoraré el apoyo que me brinda el espíritu.

Esta afirmación se refiere al valor del espíritu. Prométase lo siguiente el día de hoy: cuando sienta momentos de incertidumbre y soledad, dígase que usted vale tanto como su alma. En las situaciones en las que desee reafirmarse, contradecir o resistirse, absténgase de obedecer su impulso. Busque su paz; acepte la situación y luego observe. ¿Percibe señales de que lo que desea de la situación puede darse sin necesidad de resistencia o imposición? Cuando usted valora el apoyo del espíritu, el ego se hace a un lado inmediatamente. Usted logra ver todas las situaciones como las ve el espíritu, no solamente como lo hace el ego. Si valora esa capacidad, ésta crecerá.

Día 28

Estamos contenidos los unos en los otros.
Por consiguiente, comprendo a cualquiera como si fuera yo.

Esta afirmación se refiere a la humanidad compartida. Cada persona tiene su naturaleza humana y, aún así, todos la compartimos. El ego trata de hacer caso omiso de la segunda parte de esta afirmación. Encara todas las situaciones sobre la base del supuesto de que «yo» tengo las ideas, los sentimientos y las percepciones más importantes. Para el espíritu, todos los pensamientos, los sentimientos y las percepciones son compartidos. Éste es un don maravilloso. La capacidad de ver el mundo desde más allá de nuestros límites particulares es maravillosa — el verdadero ser le ayudará a ver una perspectiva más amplia, siempre y cuando usted se abra a ella. Permítase expandirse. Tome conciencia de la forma como otras personas perciben una situación. Cuando la percepción es plenamente consciente, el amor y la compasión aparecen espontáneamente.

Estamos contenidos los unos en los otros.
Por consiguiente, acepto a cualquiera como si fuera yo.

Esta afirmación se refiere al hecho de incluir a los demás. En una experiencia común no puede haber exclusión. Hasta aquellos a quienes denominamos malos o malhechores forman parte integral de todo el drama. El ego representa un drama a la vez, diciendo, «Esto es lo que me sucede a mí, todo lo demás ocupa un segundo lugar». Pero la verdad es que todo el drama le sucede a usted. Su mente consciente se sintoniza apenas con una escena, pero en los niveles más profundos usted participa de todo lo que sucede — no sólo de <u>mi</u> felicidad, <u>mi</u> pena, <u>mi</u> triunfo, <u>mi</u> comprensión, sino la felicidad, la pena, el triunfo y la comprensión de toda la humanidad. El siguiente pensamiento que pase por su mente se sumará a la experiencia común con la cual todos estamos conectados; los pensamientos de un sinnúmero de personas. Eso es lo que significa estar contenidos los unos en los otros. Cuando reconozca que la experiencia siempre es compartida, podrá aceptar a los demás como si fueran usted, por muy diferentes que parezcan.

Día 30

Estamos contenidos los unos en los otros.
Por consiguiente, puedo amar a cualquiera como si fuera yo.

Esta afirmación se refiere a la comunión. Después de
la aceptación viene el amor. Ensaye lo siguiente hoy:
vea a una persona sin formarse opinión alguna — quizás un niño que juega en el parque o un comensal en
un café, sentado solo en una mesa. Sintonícese con el
ser que todos compartimos. ¿No hay amor en apreciar
un rostro, un gesto, una mirada pasajera? Cuando vemos a una persona sin crear suposiciones, nuestra an-
tena interior capta una señal diferente. En lugar de
sintonizarnos con la personalidad de alguien, nos sin-
tonizamos con su esencia. Esa esencia es el espíritu y,
cuando la detectamos, la reacción natural es el amor.

No soy mi cuerpo; mi cuerpo es materia reciclada.
No soy mi respiración; mi respiración es aire reciclado.
No soy mis emociones; mis emociones son energía reciclada.
No soy mis pensamientos; mis pensamientos son información reciclada.

Estas afirmaciones relacionadas se refieren a la identificación. Mientras las pronuncia una por una, experimente su cuerpo, su respiración, sus emociones y sus pensamientos. Cada uno de ellos le pertenece, pero no son su ser. Usted es quien los observa. Usted es el experimentador de la experiencia. En la medida en que la materia y la energía se reciclan a través suyo, todo está en movimiento salvo el verdadero ser, el cual organiza la vida como si fuera el coreógrafo de una danza, dirigiendo cada paso sin entrar en escena.

No soy mi ego; mi ego está aislado y solo.
No soy mi personalidad; mi personalidad es
una combinación de relaciones.
Soy el observador inmutable.

Esta afirmación es sobre la realidad del «yo». En el plano del alma usted es un testigo silencioso que experimenta el mundo con alegre desprendimiento. Ésa es una experiencia real que usted puede compartir. Pero para vivirla, es preciso superar las afirmaciones del ego y de la personalidad. Ellos afirman que el «yo» es un ser que nace y muere, que vive dentro de su cuerpo y que es afectado por los cambios constantes del mundo. Luchar contra esta afirmación no servirá de nada, porque el ego y la personalidad desean sobrevivir por encima de todo lo demás, y se valen de muchas tácticas para hacerlo. Permítales ser lo que son. Su ego representa la individualidad en la separación; su personalidad representa una amalgama de todas las relaciones que usted ha tenido desde su nacimiento. Sin embargo, tenga presente que usted es diferente de ellos dos. En los momentos de quietud consciente reconozca que usted es el testigo silencioso. Usted es quien mora en el interior y es la fuente de toda experiencia.

Día 33

En la quietud encuentro mi verdadero ser.

Esta afirmación es sobre la conciencia. Durante sus actividades cotidianas tenga presente su conciencia. Algunas veces estará inquieta y activa. Esto sucede normalmente cuando los sucesos externos presionan, exigiendo reacciones. Pero en otras ocasiones, su conciencia estará en estado de quietud. En esos casos usted observará en lugar de actuar. Descubrirá que es el observador y, desde la perspectiva de su alma, ése será su verdadero ser. La actividad va y viene, pero el observador es constante y omnipresente. A medida que comience a identificarse con el observador, se apegará menos a las cosas cambiantes. Usted es verdaderamente lo inmutable.

Como observador, no siento necesidad de culpar a nadie.

Esta afirmación se refiere a la injusticia. Culpamos a los demás porque nos sentimos tratados injustamente. La ira y el resentimiento emanan de una fuente real de injuria, eso es innegable. Pero el que se ha sentido injuriado es el ego. «Yo» he sido injuriado y, para el ego, eso es imperdonable. El testigo silencioso no se siente injuriado y, por ende, no necesita culpar. Cuando usted adopte esta forma de ver las cosas, comprenderá la sensación de injusticia del ego, como comprende a un niño lastimado, sin aspirar a cambiar su punto de vista. De la misma manera que consuela a un niño, consuele a su ego sin abandonar el punto de vista del espíritu, para el cual tanto el dolor como el placer forman parte de las escenas cambiantes.

*Como observador, veo todos los aspectos de
mi ser desde el amor consciente.*

Esta afirmación se relaciona con la seguridad. Si repasa todos los aspectos de su ser, verá que cada uno de ellos necesita su dosis de seguridad. El ego trata de sentirse seguro teniendo tanta razón como pueda — el «yo» se siente inseguro cuando siente que se equivocó o que es víctima. La personalidad se siente segura cuando es aceptada en las relaciones. Se siente insegura por las diferencias entre las personas. Su mente encuentra la seguridad en la comprensión; se siente insegura cuando no puede comprender una idea. Su cuerpo se siente seguro cuando hay equilibrio y no hay dolor. Sus emociones sienten seguridad cuando hay felicidad y no hay conflicto. Considerando todas esas necesidades diferentes, parecería que no existe un terreno común, pero no es así. Cuando se perciben todos los aspectos desde el amor consciente, todos se sienten seguros. El ego, la personalidad, el cuerpo, la mente y las emociones metabolizan el amor en sus respectivos planos. Conocedor de esto, el observador proporciona amor consciente como la forma más poderosa de sanación. Usted hace esto en todo momento, y a medida que crezca la intimidad con su verdadero ser, lo hará más y más.

Al brindar amor consciente, también lo recibo.

Esta afirmación se relaciona con el hecho de recibir. En el plano del alma, el amor permanece estable, irradiando la misma energía todo el tiempo. Usted está en un estado constante de dar. Puesto que las demás personas también irradian el mismo amor consciente desde el plano del alma, usted también recibe constantemente. Para muchas personas es más difícil recibir que dar. En la raíz de ese malestar está el ego, el cual se siente fuerte cuando es el proveedor pero débil cuando se siente carente. Pero usted no tiene que aceptar esa interpretación. Considere el amor consciente como un intercambio libre entre su alma y la de los demás. Reciba con la misma libertad que da, sin obligación. El amor consciente es un estado natural que está aprendiendo a apreciar cada vez más en su interior.

No tengo que participar en el choque de los egos.

Esta afirmación se refiere al conflicto. En el plano del ego debe haber conflicto, porque el «yo» se reconoce al chocar con otro «yo». Este choque crea muchas formas de maldad. La guerra es una versión muy ampliada del «yo» contra el «yo». El fanatismo y los prejuicios dependen del mismo conflicto en el plano social. El odio en nombre de Dios no es otra cosa que ego disfrazado: su Dios es inaceptable porque no está de acuerdo conmigo. Usted no tiene que participar en el choque del «yo» contra el «yo. Desde el plano de su verdadero ser usted se siente contenido en los demás; por consiguiente, no tiene interés en proteger su propio punto de vista. Con ese conocimiento sana la fuente del conflicto.

Día 38

No tengo necesidad de defender mi punto de vista.

Esta afirmación se refiere a la tolerancia. Limitarse a tolerar a una persona es una distorsión de la tolerancia verdadera. La tolerancia verdadera existe cuando ya usted no tiene que defender su propio punto de vista. Usted puede respetar el punto de vista de otra persona sin necesidad de adoptarlo. Para llegar a esa posición es necesario que no haya juicio, porque en el juicio necesariamente debe haber un punto de vista correcto y otro equivocado. También debe deshacerse del apego, según el cual <u>mi</u> opinión debe ser valorada por encima de la de todos los demás. Con estos dos pasos desaparece la razón para defender su punto de vista. En el plano del alma, esos dos pasos ya han sido dados, porque su verdadero ser ha experimentado todos los puntos de vista. Los ve como productos iguales del «yo» aislado y, por consiguiente, entiende que están sujetos a cambiar constantemente. No hay razón para defender las arenas movedizas del ego y de la personalidad como si fueran terreno firme.

Día 39

Todos los puntos de vista me enriquecen.

Esta afirmación se refiere a la inclusión. El ego se siente seguro siempre que tiene la oportunidad de excluir. El oficio del ego es dividir la experiencia en 'mía' y 'no mía'. Permita que así sea, pero reconozca que su labor es enriquecerse tanto como pueda con el tesoro de la vida. Su ser verdadero no necesita la experiencia para llenar vacíos; ama la panoplia y el drama de la vida de la misma manera que un coleccionista de arte ama las pinturas que colecciona. El coleccionista se siente enriquecido al poder absorber esas imágenes, pero no se confunde con sus cuadros. Asimismo, usted puede enriquecerse con los puntos de vista que le rodean sin confundirse con ellos. Un punto de vista es sólo una perspectiva, un enfoque. Cada enfoque diferente representa una imagen distinta para el fotógrafo — toma la foto, la aprecia en el momento y después espera a que llegue otra imagen.

Día 40

El punto de vista más elevado es la apreciación.
Ése es el punto de vista de Dios.

Esta afirmación se relaciona con la creatividad. Las personas hemos tratado de llegar a Dios a través de muchas formas de culto, tratando de imaginar cómo funciona la mente de Dios a fin de vivir en santidad. Se nos ha dicho que Dios creó el mundo y luego lo contempló para ver si Su obra era buena. La apreció. Es posible que la apreciación no se utilice con frecuencia para describir un estado espiritual y, no obstante, en muchos sentidos es el estado más elevado. Cuando apreciamos no nos ponemos en primer plano. El ego no tiene nada que perder. La apreciación trae el amor consciente a la Creación. Al apreciar la belleza de algo, posamos los ojos en lo divino. Mientras más profunda la apreciación, más es lo que vemos con los ojos del alma.

Me apreciaré a mí mismo(a), incluida mi pena.
Todo se suma a la riqueza del ser.

Esta afirmación se relaciona con la humildad. La humildad es la modestia que nace espontáneamente cuando vemos cuán vasta es la creación en toda su abundancia infinita. En la India se dice que la humildad se inclina ante Dios como un árbol cargado de frutos maduros. El ego teme llegar a ser humilde. El «yo» es inseguro y no acepta reducirse a una posición inferior. La forma como puede usted escapar de esta actitud es apreciando la riqueza de su ser. En su interior, el drama de la vida se desenvuelve de una manera única. Usted puede tener acceso a toda la gama de experiencias, entre ellas el dolor y el sufrimiento. Durante el proceso de sanar, reconozca conscientemente que el juego de la luz y las tinieblas aumenta la riqueza de la vida.

Día 42

Pido a mi ser de las sombras que se muestre.
Éste es el primer paso para sanar.

Esta afirmación se refiere al 'lado oscuro'. Todos nos sabemos poseedores de impulsos negros entre los que se cuentan el odio, el miedo y la agresión. Estos impulsos provienen del inconsciente y nuestra reacción natural es mantenerlos allí. Ocultamos el lado oscuro, pero éste no desaparece. Busca expresarse, como sucede con todas las energías. No es posible sanar cuando las energías oscuras permanecen reprimidas. Para comenzar a sanar, invite a su ser de las sombras a mostrarse en la conciencia. Esto no equivale a actuar por ira, terror o venganza. Es sencillamente comunicar que usted no elude a su ser de las sombras; que reconoce su derecho a existir.

*Mi ser de las sombras está a mi servicio. Me siento
agradecido(a) por ello.*

Esta afirmación se refiere a la represión. Su ser de las
sombras ha adquirido el poder de amedrentarlo(a) porque usted lo ha reprimido. Pero la sombra no se considera enemiga. Se considera como su guardián. Lo pro-
tege aferrándose a algunas de esas energías que son
suyas pese a que le provocan sentimientos de culpabilidad y vergüenza. La culpa lo obligó a recurrir a la represión como solución. La vergüenza hace que usted
no desee mirar ni escuchar cuando esas energías se
manifiestan. Como las energías de la sombra fueron
sacadas de su vista, jamás han tenido la ocasión de re-
velarle su mensaje espiritual oculto. Este mensaje es
para su crecimiento y es gracias a su ser de las sombras,
que se ha aferrado a esas experiencias viejas y olvida-
das, que usted puede recordarlas. Cuando regresen
las sombras de la ira, el miedo, el terror y la venganza,
lo único que debe hacer es ver y comprender. Tan pronto como lo haga, le entregarán su mensaje y desaparecerán. Ése es todo el proceso de sanación del ser de
las sombras.

Día 44

Les pediré a las energías oscuras que me enseñen.

Esta afirmación se refiere a enfrentar el miedo. Lo mismo que el ser de las sombras, su miedo no se considera el enemigo. También él cree que su papel es de salvaguarda. Todas las personas tienen almacenadas experiencias de terror en su mente. El miedo, al recordarle esos sentimientos, trata de protegerlo(a) contra la posibilidad de repetir los traumas del pasado. Mientras usted reprima su miedo, no podrá acogerlo como aliado. Pero, asimismo, no podrá actuar sencillamente con base en el miedo. En el plano del alma usted no ve la necesidad del miedo porque no necesita protección. No hay amenaza alguna cuando se vive en el ahora y, por tanto, de nada sirve volver sobre el pasado. No hay problema en explorar el miedo y preguntarle de dónde viene y lo que desea enseñarle. Habiendo visto el mundo desde la perspectiva del miedo, reconozca que el alma no necesita guardián. Aprenda del miedo, sane el miedo y pídale que se vaya.

Mi ser de las sombras y yo tenemos la misma meta
— volver a la luz.

Esta afirmación se refiere a la dualidad. La luz y la oscuridad parecen contrarios y todos hemos aprendido a considerarlos como enemigos en guerra. La dualidad se basa en la separación, pero el alma existe en armonía con todo, incluida la oscuridad. Su ser de las sombras lo sabe. Al aferrarse a la energía negativa por usted, trata de atraer su atención, no para provocarle sentimientos de miedo, ira o venganza, sino para que usted pueda convertir esos sentimientos en comprensión. La comprensión es la luz.

En lugar de rechazar mi sufrimiento,
le pediré que se transforme.

Esta afirmación se refiere a las alternativas. Es difícil sentir muchas de las emociones, especialmente las asociadas con el sufrimiento — el peso de la pena, el dolor punzante de un amor perdido, el temor de una enfermedad grave. Éstos son sentimientos que perduran y no se disipan fácilmente. Debemos vivir con ellos hasta que terminan. El alma puede ayudarle a sanar mediante el proceso de transformación. Pida al espíritu que trabaje sobre su dolor permitiéndole despegarse de él, dándole a conocer su significado oculto y mostrándole el camino de regreso a la dicha. En medio del sufrimiento hay un instinto abrumador de rechazo a través de la negación, el adormecimiento y la represión, pero con eso solamente se prolonga el sufrimiento. Viva su sentimiento, no para sufrir, sino para pedir orientación al espíritu; la transformación es posible siempre, hasta en las situaciones más intensas. Sea receptivo(a) y pida sin esperar nada. Permita que el consuelo llegue de cualquier parte. Reconozca que su ser verdadero no desea que usted sufra por ninguna otra razón que no sea parte de su viaje espiritual.

Día 47

Todo sufrimiento puede liberarse en forma de energía.

Esta afirmación se refiere a la objetividad. Para todos nosotros, el sufrimiento es intensamente subjetivo. Cuando el dolor es intenso, da lugar a pensamientos de todo tipo, desde la desesperación y la resignación, hasta la ira intensa y la lucha. Esta angustia intensa envuelve a quien sufre. Pero hay una forma objetiva de manejar el sufrimiento, que es no dejarse atrapar por los pensamientos y los sentimientos sino considerar todo sufrimiento como energía. Usted podrá aprender a hacer caso omiso de la voz del sufrimiento, la cual no ofrece sanación real. Entre en su interior centrado, calmado y objetivo y pida liberar todas las energías que constituyen la base de su sufrimiento. No hay condición alguna que sea inmune al contacto del alma. Aunque el proceso no es necesariamente rápido, puede serlo. En todas las ciudades hay sanadores que trabajan con la energía, de tal manera que no necesita asumir la labor por su cuenta. El primer paso es pedir objetividad — convocar al espíritu para que lo(a) saque del torbellino emocional y le permita comprender claramente la forma de eliminar las energías penosas. Después permanezca alerta y espere las señales de orientación que puedan venir de adentro o de fuera, porque la ayuda podrá venir de cualquier parte.

Día 48

Liberaré toda necesidad oculta de sufrir.

Esta afirmación se refiere a la necesidad de darse permiso para sanar. No hay duda de que el espíritu desea transformar el dolor y eliminarlo por completo. Pero no puede actuar sin su permiso, porque el alma siempre respeta el libre albedrío. Debe tener la certeza de querer poner fin a su sufrimiento. Es difícil comprender por qué alguien querría aferrarse al sufrimiento, pero hay un plano en el cual podría proporcionar un beneficio secundario. El sufrimiento hace que el «yo» se sienta reconocido, importante, centro de atención. Alivia la necesidad de ocuparse de uno mismo o de enfrentar las crisis o las dificultades. Es necesario resolver todas esas razones secundarias para que la sanación del alma pueda actuar libremente (aunque no son suficientes para bloquearla por completo). Declare hoy su voluntad de no aferrarse a ningún otro motivo para prolongar el sufrimiento.

Podré conseguir cualquier beneficio que pueda derivar
del sufrimiento sin necesidad de sufrir.

Esta afirmación se refiere a los caminos no explorados. Usted podrá encontrar en un camino más sano el mismo efecto 'bueno' que pueda estar obteniendo a través de su sufrimiento. El ego tiene muchas necesidades. Cuando la persona se siente demasiado culpable o avergonzada para reconocer que todavía tiene necesidades infantiles, el sufrimiento puede acudir al rescate. Así, la persona encuentra una forma penosa de obtener gratificación sin pedirla directamente, mediante una estrategia que suele ser inconsciente. No hay necesidad de juzgarse duramente cuando el dolor tiene un componente de necesidad. Juzgar siempre será un problema, nunca una solución. Pida a su alma que le brinde lo que realmente desea. Quizás esté pidiendo amor a gritos, esperando ser rescatado(a), o pidiendo reconocimiento. Ésos son sentimientos legítimos que el espíritu puede satisfacer.

La transformación siempre es posible.

Esta afirmación se refiere a cambiar su paisaje interior. Cuando desaparece un obstáculo, todo dentro de usted está listo para cambiar. Cuando se mueve una montaña todo el paisaje cambia. En lugar de dejar un hueco, las energías liberadas abren un mundo de nuevas posibilidades, pero usted tiene que aprovecharlas. No se exija un cambio total de emociones. Cuando las energías de un antiguo dolor desaparecen, siempre hay una revelación y ésta se convierte en su clave para saber qué hacer después. Por ejemplo, cuando «necesito sufrir de esta forma» ha desaparecido, la revelación podría ser que usted puede volver a estudiar música, o cambiar un amigo negativo por uno más positivo, o conocer una ciudad nueva. Estos cambios en el mundo externo reflejan un cambio en el interno. La transformación rara vez se presenta como la de la Cenicienta, que se convirtió en princesa en un instante, y más bien se presenta como una cadena de nuevas posibilidades, una puntada a la vez. Cuando tenga todas las puntadas habrá conseguido una transformación total. Descubrimientos inimaginables se abren ante usted. Todos tienen la forma de «Puedo hacer ahora lo que antes pensaba que no podía». Al final del camino estos pequeños pasos se convertirán en «Conozco la realidad de Dios, de quien antes pensaba que no estaba allí».

Día 51

Pediré conocer los caminos del espíritu.

Esta afirmación se refiere a cambiar de costumbres. Los hábitos y el condicionamiento de mucho tiempo nos permiten conocer demasiado bien al ego. Si los caminos del alma son diferentes, es necesario aprenderlos también. El proceso es más consciente que cuando éramos niños y obedecíamos los dictámenes del «yo, mí y mío». Entonces no teníamos otro punto de referencia, mientras que siendo adultos debemos adaptarnos a pensamientos, sentimientos, respuestas y percepciones diferentes, reemplazando aquellas a las que nos hemos acostumbrado durante años. La afirmación de hoy expresa su dedicación a aprender esos nuevos caminos — dejar sus viejas costumbres del mundo exterior y comprometerse con el mundo interior.

En el espíritu, la conciencia es primero.

Esta afirmación se refiere al estado de conciencia. En términos espirituales, la conciencia comienza con el alma. Ella es conciencia pura, omnisciente, silenciosa, sabia, no nacida, inmutable. Puesto que todos estamos unidos en la fuente, toda persona puede lograr este estado de conciencia. No está ni adentro ni afuera de nosotros, sino más allá de ambos. La conciencia plena pone a la persona en el punto del tablero de control donde se crean tanto la mente como el cuerpo. No es posible adquirir la conciencia del alma inmediatamente, aunque ella siempre está tratando de ponerse en contacto. Expandiendo su conciencia, usted abre los canales de comunicación. La afirmación de hoy reconoce que la conciencia es el fundamento principal para enfrentar todos los desafíos. El alma puede llevarlo (a) a la acción — no es simplemente pasiva — pero a una acción basada en la conciencia. En las grandes tradiciones de la sabiduría, esta forma de acción se conoce como la acción espontáneamente correcta, lo cual significa que es la respuesta correcta a cada situación que se presenta. No es impulsiva ni producto del hábito. Todos los caminos del espíritu, ya sea que afecten el cuerpo, la mente o el alma, se originan en la conciencia.

Día 53

La conciencia del alma es más profunda que el pensamiento.
Al entrar en contacto con ella, sabré qué es lo mejor en cualquier
situación.

Esta afirmación se relaciona con el orden y la organización. Puesto que es la fuente de todo, el espíritu asume la responsabilidad por organizar todas las situaciones y las circunstancias. El orden es mucho más profundo que cualquier cosa que pueda diseñar el intelecto. Las células de su cuerpo, por ejemplo, realizan miles de millones de operaciones exactamente calibradas a cada segundo. La misma fuente organiza la realidad externa, la cual comprende los sucesos cotidianos. Cuando usted entra en una determinada situación, sus actuaciones pueden estar en armonía con ese orden profundo, o provenir del ego, el cual impone sus propias suposiciones acerca de lo que debería suceder. El alma también desea resultados, pero su visión es más amplia; en lugar de analizar una situación paso por paso, el alma arregla todo el paquete de causa y efecto simultáneamente. Por su parte, la mente pensante trata de manipular los resultados para que se acomoden a lo que les parece mejor al «yo, el mí y lo mío». Pida la clase de guía que va más allá del pensamiento. La sanación puede venir de cualquier parte y presentarse en muchas circunstancias. Hoy usted está afirmando su fe en una visión más amplia.

Aprenderé a entrar en contacto con mi fuente.
El primer paso es el silencio de la conciencia.

Esta afirmación se refiere a la meditación. La meditación es la práctica de entrar en el interior para llegar al
estado de conciencia más profundo que el pensamiento. La meditación no es sencillamente un momento
de recogimiento y paz, aunque se necesitan ambas cosas. Es el regreso a la fuente. Adopte la costumbre de
encontrar tiempo para estar a solas, preferiblemente
una vez en la mañana y otra en la noche, para cerrar
los ojos y penetrar en su interior. Hay muchas formas
de meditación. Una de ellas, sencilla aunque muy efi-
caz, es meditar en el corazón. Siéntese en silencio, lleve su atención al corazón en el centro de tórax, debajo
del esternón. Cuando se haya aquietado, repita en silencio la palabra «paz», y sienta que su influencia irradia desde su cuerpo en todas las direcciones. Hágalo
tres veces; después haga lo mismo con la palabra «felicidad». Continúe haciendo lo mismo con las palabras
«armonía», «risa» y «amor». Si desea meditar largo tiempo, puede utilizar estas palabras durante el tiempo que
desee. Comience con sesiones de cinco minutos hasta
llegar a la media hora. Al terminar cada sesión, siéntese en silencio durante unos pocos minutos con los ojos
cerrados y sencillamente aprecie la simplicidad del silencio de la conciencia.

Esperaré a que la conciencia me guíe.

Esta afirmación se refiere a la sintonización. La meditación pondrá a su mente en contacto más cercano con su fuente, pero usted tendrá que tomar sus decisiones y escoger sus caminos por fuera de la meditación. A fin de permanecer en contacto con su fuente, usted deberá mantenerse sintonizado(a). Si permanece en estado de conciencia, su alma podrá entrar en contacto con usted en cualquier momento, no solamente mientras está sentado(a) con los ojos cerrados. Cuando alguien dice, «le pido orientación al corazón sobre lo que debo hacer», o «actúo por instinto» o «sé por intuición lo que está bien para mí», está manifestando esa sintonización. Usted deberá encontrar su propio mecanismo porque es un proceso personal. Sin embargo, conviene saber cuáles son los tipos de señales a los que debe prestar atención. No vienen de su verdadero ser los impulsos de defenderse. Las emociones negativas que oscurecen la mente no vienen del alma, como tampoco lo hacen las reacciones basadas en el cálculo del provecho que pueden derivar el «yo, el mí y el mío». La conciencia del alma es transparente y pura; es desprendida, casi impersonal. Su alma no le pide que permanezca alegre, entusiasta y optimista a toda hora. Le pide ser lo más real posible desde el plano espiritual, base de toda realidad.

*En todas las situaciones haré lo posible por
seguir las indicaciones del alma*

Esta afirmación se refiere a la diferencia entre el pensamiento y la conciencia. En este momento usted está consciente de muchas cosas en las cuales no tiene que pensar. Está consciente de si está tenso(a) o relajado(a). Si está bajo presión, está consciente de que se siente diferente a cuando no está apremiado. El pensamiento no participa en esta forma de conocimiento. Comience a sintonizarse con su alma tomando nota de aquellas cosas de las que está realmente consciente. Si se siente en libertad de tomar decisiones sin la presión de las influencias externas, y si su mente y su cuerpo están tranquilos pero a la vez en estado de alerta, es porque está muy cerca del espíritu. Claro está que no es posible estar en un estado puro de conciencia espiritual cada vez que tenga que tomar una decisión o enfrentar una dificultad. Sin embargo, puede notar la forma como su espíritu lo guía cuando lo hace, y en las situaciones en que se sienta bajo tensión o presión, reconozca que hace lo posible por llegar a su verdadero ser. Su conciencia se expandirá si deposita su fe en ella.

Prepararé el camino hacia el verdadero conocimiento
deshaciéndome de las energías que lo obstaculizan

Esta afirmación se relaciona con la estrategia. Cuando esté plenamente desarrollada, su conciencia responderá con la misma rapidez y facilidad como lo hace actualmente el ego. Por ahora, mientras opera desde un estado de menor expansión de la conciencia, conviene tener una estrategia. El propósito de la estrategia es superar las reacciones súbitas y la necesidad del ego de ejercer el control. El conocimiento verdadero espera ser recibido y lo único que usted debe hacer es preparar el camino. Los obstáculos son la ira, el resentimiento, la culpa o el miedo. Si se siente presa de alguna de esas emociones, cierre los ojos y tome plena conciencia de las reacciones que ellas producen a nivel de su cuerpo. Acepte que está bien sentir esas emociones, pero pregúntese también si está dispuesto(a) a deshacerse de ellas. Si se libera de ellas, experimentará la luz de su alma donde residen el conocimiento verdadero y la inspiración. El conocimiento verdadero lleva a la inspiración, la cual significa estar en contacto con el espíritu, y es entonces cuando nada podrá atravesarse en su camino.

Día 58

Seré receptivo(a) a las respuestas, independientemente
de dónde provengan.
Sé que el espíritu opera a través de todos los canales.

Esta afirmación se refiere a la personificación. Todos tenemos personas en quienes confiamos, y otras en quienes no. Hay personas a quienes consideramos amigas y aliadas, otras que nos son indiferentes, y otras en quienes vemos enemigos. Pero el espíritu no establece esas diferenciaciones. Un desconocido en la calle o sentado al lado suyo en el autobús podría brindarle un tesoro de ideas y respuestas. La sanación puede venir de cualquier parte porque el alma está en todas partes. Busque una voz sabia o de autoridad si dispone de ella, pero sea receptivo(a) a todas las posibilidades. Una de ellas es seguir la voz interior, la cual podría guiarlo(a) por caminos que ni su familia ni sus amigos considerarían jamás.

Día 59

Cuando sienta oposición, no responderé oponiéndome.

Esta afirmación se refiere a evitar la resistencia. La frase bíblica de poner la otra mejilla no tiene sentido alguno para el ego. Cuando se siente empujado, el «yo» desea reaccionar empujando más fuerte. Cuando se siente agredido, desea lanzarse contra el agresor. De esta forma, el ciclo de ataque y defensa no termina nunca. El método del alma es no oponerse, lo cual significa no defender su posición cuando una situación pone en peligro sus expectativas. Deje pasar la oposición, ya sea esperando, o abandonando, o entregándose al obstáculo. La esencia de esta estrategia es poner fin a la lucha y el conflicto dejando en libertad al espíritu para mostrar el camino hacia la solución. Sin embargo, esto no implica entregarse a la pasividad. Podrá descubrir solamente en la medida en que se rehuse a oponerse. En muchos casos, la solución aparece como por arte de magia, lo cual es señal de que está aprendiendo a actuar desde el nivel de su ser verdadero.

Día 60

Cuando sienta la necesidad de luchar, me detendré a la espera de orientación.

Esta afirmación se refiere a la eficiencia. En nuestra sociedad hemos puesto la lucha en un pedestal como si fuera malo obtener las cosas fácilmente. La verdad es que el espíritu organiza las cosas de la manera fácil, por amor a nosotros. Es importante que usted reconozca que merece poder satisfacer sus necesidades fácilmente. No glorifique el sufrimiento y la lucha emanados de la visión limitada del ego. Aspire al mejor resultado para usted en todas las situaciones y acepte graciosamente el resultado obtenido. Es lo mejor para usted en esta etapa de su viaje.

Deseo actuar con el menor esfuerzo en todas las circunstancias.

Esta afirmación se refiere al hecho de actuar desde la conciencia pura. La conciencia pura es igual al nivel de conciencia en el que se encuentra actualmente, con la diferencia de que su alcance es infinito. La conciencia pura no está limitada en el tiempo; no conoce impedimentos. Ante cualquier deseo suyo, el alma conoce todas las soluciones, las cuales varían dependiendo de la facilidad con la cual se pueden alcanzar. Si desea un automóvil nuevo, una posibilidad es que aparezca milagrosamente al frente de su casa, pero es más probable el resultado de poder trabajar más para conseguir el dinero para comprarlo. Sin embargo, el ego, al rechazar la posibilidad de los milagros, ha optado por el camino de la lucha, haciendo caso omiso del poder infinito del espíritu. Para cambiar esta situación, cambie sus expectativas. Pida alcanzar sus deseos con el menor esfuerzo. El espíritu endosará este cambio cada vez en la medida en que usted aprenda a vivir sin luchar. Con el tiempo tendrá que hacer cada vez menos para conseguir cada vez más. En el plano del alma usted ya posee todo sin necesidad de hacer nada.

Día 62

Todo lo logro primero en el plano de la conciencia.

Esta afirmación se refiere a la gestación y el nacimiento. Los deseos maduran en el útero del inconsciente antes de manifestarse en la realidad física. En este proceso, cada deseo pasa por los distintos planos de la conciencia. Si en su conciencia no hay heridas ocultas, creencias falsas o actitudes rígidas, el camino para realizar el deseo estará despejado. Cuando nace, el deseo no tiene dificultad para llegar al resultado que usted desea, porque ese resultado ya se ha hecho realidad en la conciencia. Asimismo, si hay obstáculos en el camino, su deseo tropezará con ellos de manera manifiesta. Por consiguiente, si desea hacer realidad sus deseos con facilidad y con el menor esfuerzo, despeje el camino tanto como pueda en su propia conciencia. Cada elemento de negatividad que libere dejará el espacio libre para que la vida exterior se acerque cada vez más al ideal espiritual de la abundancia plena.

Respetaré cada aspecto de mi ser en su lugar correcto.

Esta afirmación se refiere al equilibrio. Las personas se sorprenden de encontrar tanto caos cuando penetran en su interior. No solamente la mente es inquieta y caprichosa, sino que el ego tiene sus propios planes. Habiendo hablando ya de la necesidad que siente el ego de satisfacer sus exigencias, no debemos llevarnos la impresión de que es un enemigo. El ego tiene su lugar correcto. Lo mismo es cierto de la mente con su torrente confuso de ideas, creencias, deseos, fantasías y emociones. Ese caos crea problemas al momento de tratar de ver el alma claramente, pero aún así la mente tiene una capacidad enorme para percibir la realidad de maneras diferentes. En su lugar correcto, tanto la mente como el ego deben ser apreciados como aliados. Recuerde esto durante la larga campaña de recuperar el equilibrio en su mundo interior. Podría parecerle que la mente y el ego están en su contra, pero en realidad encierran sus propias metas espirituales, no de gobernar el alma sino de fundirse en su ámbito de luz. Una de las mejores formas de permitir la fusión del ego con el espíritu es observándolo en silencio. Basta con observar sus reacciones y comportamientos frente a las situaciones, las circunstancias, las personas y los sucesos. Con el simple acto de observarlos usted comenzará a ver una transformación, un restablecimiento del equilibrio entre el cuerpo, la mente y el espíritu.

Aprenderé la diferencia entre el ego y el espíritu.

Esta afirmación se refiere a la necesidad de distinguir lo falso de lo verdadero. Su ego desea ganarle al alma, quizás con demasiado ahínco. Una vez que usted vuelca su atención en el espíritu, su ego piensa que se trata de otra carrera que debe ganar, otra meta que debe alcanzar, otro resultado que debe conseguir. En otras palabras, traduce todo lo espiritual en términos que pueda comprender. A nivel masivo observamos esta tendencia cuando las personas se odian y se lanzan a la guerra en nombre de Dios. Reclutan al espíritu para justificar sus planes egoístas. No hay forma de escapar a esta tendencia porque, hasta tanto llegue al final de la vida y se funda con el alma, su ego jamás dejará de suponer que el camino es para su gloria. «Estoy iluminado» es una afirmación tan egoísta como «Sé cómo ganar». Su alma es lo único que el ego no podrá ganar para sí, de ahí la importancia de aprender a diferenciar entre los valores del ego y los valores del verdadero ser.

Día 65

Pido desapego.
No lo confundiré con indiferencia.

Esta afirmación se refiere a la forma de poner fin al apego. El ego, al averiguar que el alma es desprendida, tiene dificultad para deshacerse del hábito de aferrarse a las cosas externas. Si usted se mantiene firme en su resolución de no ser egoísta y posesivo, el ego recurrirá a una segunda línea de defensa más sutil. Se tornará indiferente. En lugar de desear dinero, posición y bienes, dirá que ya nada importa. Sin embargo, ésta es una forma disfrazada de apego porque la indiferencia es una máscara. Se manifiesta en forma de retraimiento, pero en realidad es una forma de llamar la atención. Más adelante evoluciona hacia una situación en la cual el «yo» se aferra a la santidad, la virtud y la austeridad. Ese camino hacia Dios sigue siendo egocéntrico a pesar de haber renunciado a la riqueza material. La versión del desapego del alma no consiste en rechazar las comodidades materiales de la vida. Sencillamente implica no aferrarse a ellas con ansiedad. El desapego llega cuando el espíritu llena hasta tal punto el interior que no se siente necesidad alguna de adquirir cosas.

Pido paz interior.
No la confundiré con retraimiento.

Esta afirmación se refiere a evitar la depresión espiritual. Al mirar a nuestro alrededor vemos muchas personas espiritualmente sinceras que no se ven felices. En algunos casos son las causantes de su propia depresión; sienten que Dios condena el deseo y, por tanto, se castigan por el hecho de tener necesidades, deseos y sueños. Tratan de lograr una monotonía emocional que escasamente participa en el mundo. Hay otras formas de depresión espiritual producidas por la idea de que Dios desea que abandonemos la vida y todas sus tribulaciones. Es posible encontrar un tipo de paz en el retraimiento, pero es la paz del ego, nacida de la decisión de evitar todo conflicto, de renunciar a la ira por considerarla mala e indigna en una persona espiritual, de escapar a la contaminación de la negatividad que existe «allá afuera». Usted debe aprender a evitar esas tácticas del ego reconociendo que la paz interior también se extiende hacia el exterior. Se produce al reconocer a la creación como divina en todos sus aspectos. Cuando no le tememos a nada, estamos en unión con todo. En la unión adquirimos una paz que nada de lo que ocurre 'allá afuera' puede alterar.

Pido sabiduría.
No la confundiré con información.

Esta afirmación se refiere a la certeza. Puesto que la mente busca respuestas constantemente, cada uno de nosotros desea comprender con certeza a Dios, el alma, la muerte y la vida después de la muerte. La mente supone que si tiene los datos suficientes podrá conocer finalmente la respuesta a las preguntas cósmicas. Pero los datos son externos; los hechos solamente generan información. No hay vida en ninguno de ellos, mientras que el alma es la vida misma. Alimenta un tipo de conocimiento que se renueva constantemente y da nueva forma a la comprensión del presente eterno. Lo llamamos sabiduría. Las personas que se creen sabias porque han vivido mucho tiempo y han acumulado mucha experiencia confunden la sabiduría con la adquisición. No es posible adquirir la sabiduría como si fuera un bien; solamente se puede expandir hasta que el abrazo de la mente alberga suficiente espíritu para lograr el cambio interior. Como dicen los Vedas, «Ésta es la clase de conocimiento en la cual nos convertimos».

Pido entrega.
No la confundiré con la renuncia.

Esta afirmación se refiere a la pérdida. Cuando usted se entrega, renuncia a algo que antes le interesaba. Como hay una pérdida, el ego lo interpreta como renuncia. Desde el punto de vista del «yo, el mí y el mío», la pérdida es inaceptable. Habiendo establecido su estrategia para vivir, el ego mantiene su compromiso. Entregarse implica renunciar a creencias valoradas como «Debo tener la razón», «Debo tener el control», «Debo ser fuerte», junto con muchos otros aspectos de la estrategia del ego. La finalidad del ego es la supervivencia personal y el triunfo del yo como persona aislada, fuerte e independiente. Estos objetivos no son contrarios a los del espíritu, pero son muy limitados. Cuando usted se entrega, renuncia a un mundo pequeño para hacerse a uno mucho más grande. Como dice la tradición india, renuncia a una choza para vivir en un palacio.

Pido fortaleza.
No la confundiré con control.

Esta afirmación se refiere al poder interior. El espíritu confiere poder. Ésa es una paradoja porque para andar por el camino del poder espiritual hace falta entrega, humildad, perdón y aceptación, no precisamente las cualidades que asociamos con los poderosos. En el mundo del ego, el poder equivale a la capacidad de controlar las circunstancias para beneficio propio, manipular o dominar a las personas a fin de obtener lo que se desea. Cuando lo que usted desea es el mayor bien para todo el mundo, el ego no tiene mucho que decir. El tipo de fortaleza generosa, devota, entregada, confiada y paciente es decididamente femenina. Pertenece a los santos y a las madres. Al afirmar esa clase de fortaleza demuestra usted la fe en el hecho de que puede haber poder sin agresión, dominación o control. ¿Existe poder real en el aspecto femenino? Por supuesto que sí, y aunque el ego ha ejercido control durante mucho tiempo, el poder espiritual siempre ha estado al frente. El poder espiritual inunda todos los aspectos de la vida en forma de inteligencia que alimenta y organiza todas las formas, desde los átomos hasta el cosmos. Usted puede conectarse con ese poder. Viene del interior y no hay nada que pueda represarlo una vez que usted encuentra su fuente en su verdadero ser.

Día 70

Pido aceptación.
No la confundiré con resignación.

Esta afirmación se refiere al acto de permitir. La tolerancia se enfrenta a la resistencia de los críticos que consideran que si se le permite demasiada libertad a la naturaleza humana, ésta se torna salvaje, indomable y destructiva. ¿Qué hubiera pasado, dicen, si se hubiera permitido a los monstruos de la historia salirse con la suya? Aquí debemos reconocer la diferencia entre la pasividad y la aceptación. Alguien que acepta no necesariamente permite que el otro haga lo que le plazca. El espíritu no pide que nadie se entregue resignadamente al mal y a la maldad. Cuando se producen actos o actitudes de maldad, tenemos el deber de hacer valer nuestro sentido de justicia. Pero a pesar de odiar el pecado, no odiamos al pecador. La diferencia entre los dos nos permite entender el significado de la aceptación. Aceptar significa ver la igualdad de las almas. Es reconocer la verdad de que el espíritu mora en todos nosotros. Por difícil que sea para los moralistas creerlo, un pecador puede actuar movido por el sufrimiento y no por el mal. Sus errores pueden ser un grito de amor y de comprensión. Todas las personas merecen esas cosas. Aunque sus actos lleven al castigo, no por eso se anula su condición elevada de hijos de Dios.

Trataré de reparar mis pecados sin atacarme como pecador.

Esta afirmación se refiere a la redención. Muchas personas con un fuerte sentido moral tienen dificultades para reparar el pecado sin castigar al pecador. La voz que condena el mal de alguna manera persiste y desea redimir también a la persona. En el fondo, este propósito no solamente es inútil sino también imposible. Los actos se redimen cambiando el mal por bien. El mal se deshace y la deuda se paga. Si usted trata de salvar su alma en el proceso, lo que hace es desconocer la verdad de que es el alma la que está allí para salvarlo(a), y no al contrario. Puesto que la culpa nos induce a corregir nuestros pecados (definidos en el sentido no religioso de actos deliberadamente malos) muchas veces la consideramos una emoción positiva. Llevada al extremo, la culpa es extremadamente destructiva. Al igual que muchas otras energías, como el miedo y la ira, la culpa no se va espontáneamente una vez que la dejamos aflorar. Prefiere entregar su veredicto de culpabilidad una y otra vez, mucho después de haber cumplido con cualquier propósito útil que haya tenido. Las personas moralistas en extremo tienden a sufrir por pecados triviales, incluso por cosas que no lo son. Por consiguiente, rechace todo impulso de atacarse. Este hábito de torturarse jamás le conducirá hacia su alma y solamente servirá para acrecentar su aislamiento.

Pido realización.
No la confundiré con el placer.

Esta afirmación se refiere al significado de la felicidad. Es natural que el ego busque placer, pensando que será feliz cuando lo encuentre. Pero el placer no es antídoto para el sufrimiento. Si está sufriendo, no habrá experiencia placentera proveniente del exterior que le sirva para aliviar su angustia. Esto contradice los supuestos del ego, pero no significa que haya que renunciar al placer. Lo que debemos hacer es reconocer que la felicidad proviene de otra fuente. ¿Cuál es esa fuente? Es la esencia inmutable que reside en nuestro interior. Tal como lo declararon los sabios de la antigüedad, todos sabemos cómo es despertar de un sueño. Es igualmente fácil conocer al espíritu. Una vez que experimentamos un instante de despertar al espíritu, el sueño del placer se torna irreal. Este despertar debe ocurrir una y otra vez. Es necesario notar esos momentos en que nos sentimos vivos, libres, alertas, sin ataduras. Son momentos que vienen y se van, pero no como las cosas que cambian a nuestro alrededor. La esencia va y viene como el sol que, cuando no hay nubes, brilla constantemente.

Sanaré la separación viendo a través de sus ilusiones.

Esta afirmación se refiere al hecho de ir más allá de la percepción de la separación y ver la realidad de la unidad en la conciencia. Aunque podría parecerle que está separado(a) de su fuente o Dios, no es así. La percepción de la separación es la causa de todo el sufrimiento. Esta ilusión no es real, pero sí convincente. Detrás del sufrimiento que todos experimentamos hay un plano independiente tanto del placer como del dolor. Es el plano al que denominamos la paz que elude toda comprensión. Cuando usted se ponga en contacto con este plano de su existencia, su sufrimiento se aliviará.

Veré más allá de la ilusión de la indefensión.

Esta afirmación se refiere a la intención de sanar. Cuando usted tiene la intención de lograr algo, pone las cosas en movimiento en su interior. Por ejemplo, la intención de caminar activa los centros motores del cerebro junto con el equilibrio, la frecuencia cardíaca, la presión arterial, etc.; en efecto todo el sistema de la mente y el cuerpo entra en modalidad de andar. La sanación funciona exactamente de la misma forma. Pero a diferencia del acto de caminar, la intención de sanar exige una transformación que solamente el espíritu hace posible, porque el espíritu controla todas las energías, incluidas las del cuerpo. Cuando usted formula la intención de sanar, destruye la ilusión de la indefensión. Para hacerlo, visualice claramente el resultado esperado. Podría ser aumentar su capacidad física y mental, su energía, vitalidad y entusiasmo por la vida, y una sensación de conexión con el poder creador del universo, la dicha y el amor. Cultive este resultado esperado en su corazón. Permítale incubarse a través de la meditación y pronto tendrá la inspiración para tomar las medidas que le permitan abandonar la indefensión y entrar en un estado de fortaleza interior y poder.

Día 75

Veré más allá de la ilusión de la negación.

Esta afirmación se refiere a enfrentar la realidad. Mientras usted opte por mirar hacia otro lado, la ilusión persistirá, de modo que debe prestar atención. Hágalo sentándose en silencio y con una resolución firme pida ver sus verdaderos sentimientos. Permanezca con cualquier fuente de dolor en su cuerpo. Siéntala directamente, sin importar dónde esté. Ahora pida que todo tipo de sufrimiento se reúna en su corazón. Mientras eso sucede, pida a cada aspecto de su sufrimiento que se identifique. Sea lo más preciso(a) posible.

Una vez haya identificado claramente la emoción concreta que experimenta, trátese de miedo, ira, culpa o depresión, escriba para usted el origen de ese sentimiento o inicie un diario. Tenga cuidado de no utilizar el lenguaje de la victimización. Cuando haya terminado esa tarea, comparta esos sentimientos con alguien en quien confíe. Después libérelos a través de un ritual de su preferencia, como danzar, o quemar los papeles en los que ha anotado sus experiencias. Por último, celebre la liberación de esa energía represada. En lugar de negar su sufrimiento, con lo cual sólo lo prolongaría, usted habrá definido, expresado, compartido, liberado y celebrado, a fin de seguir adelante.

Veré más allá de la ilusión de la dependencia.

Esta afirmación se refiere a recibir ayuda. Cuando nos debilitamos por el dolor y el sufrimiento, crece el temor de tener que depender de otros. Es un temor natural. Aunque es importante conservar la dignidad personal, es absolutamente necesario buscar y recibir ayuda. En todas las crisis es posible aliviar el sufrimiento a nivel de la energía. Pero usted no tiene por qué asumir toda la carga. Pida orientación para lograr acceso a la energía profunda y más obstinada. Para algunas personas, la presencia de guías espirituales como los ángeles, los maestros, los santos, las deidades, los *boddhisatvas*, y los muertos amados representa consuelo y ayuda. Formule la intención de recibir ayuda en cualquier forma y en cualquier momento. Después permanezca alerta y obedezca las pautas del espíritu. Usted está siendo escuchado(a). Su alma podrá guiarlo hacia la ayuda que necesite. En últimas, sin importar quién responda a su llamado, en realidad es su verdadero ser el que responde.

Día 77

Veré más allá de la ilusión del adormecimiento.

Esta afirmación se refiere al hecho de darse permiso de sentir aflicción. La aflicción es una emoción desgarradora y, por tanto, una de las más amenazadoras. Las personas a quienes amamos viven dentro de nosotros y forman parte de lo que somos. Cuando mueren o se ven amenazadas por una crisis, nuestro propio ser se siente atacado. La mente inconsciente percibe la amenaza de que moriremos con ellas. Al adormecernos, en lugar de sentir la aflicción, el ego finge que la pérdida no es dolorosa, que la amenaza no es tan grave como lo es en realidad.

La aflicción forma parte de la extraña categoría del sufrimiento necesario. Es necesario vivirla para poder liberarla hacia la luz. Sea paciente con su aflicción. Este período de sufrimiento necesario da lugar a una gran sensación de purificación. El ataque de la muerte ya no produce tanta angustia. La posibilidad de dejar entrar la luz nuevamente se torna real.

Día 78

Veré más allá de la ilusión del vacío.

Esta afirmación se refiere a los vacíos que deja el sufrimiento. El dolor de la pérdida es difícil de sobrellevar y la peor parte suele ser el temor de que no quede nada detrás del dolor, salvo un vacío. Reconozca que el vacío es una ilusión. Por mucho que haya sufrido, su alma lo ve como un todo. Afirme hoy que comparte esta noción y que tiene la intención de permitir la entrada a la luz del espíritu para llenar todos los vacíos que pueda encontrar. Para ayudar a esta reparación, cierre los ojos y visualice una luz blanca alrededor suyo, como formando una especie de capullo o burbuja. Visualice cómo la luz llena todo el espacio interior, buscando las grietas, los desgarros, los agujeros y los vacíos. Pida que todos ellos se llenen de luz.

Veré más allá de la ilusión del abandono.

Esta afirmación se refiere a la soledad. Una de las peores cosas de sufrir una pérdida grande es el sentimiento de aislamiento total. Para sanar el problema de la soledad, que aflige a un gran número de personas, se necesita algo más que sencillamente buscar compañía. Puede haber soledad en medio de una multitud, y ser más intensa cuando uno se encuentra solo en la calle de una ciudad atestada de personas. En la infancia era más fácil curar la soledad porque la presencia de uno de los padres era suficiente para dar seguridad. En la edad adulta, la soledad es más existencial — es como sentirse abandonado(a), pero sin saber por quién. Si sufre de soledad, formule la intención de entablar amistad consigo mismo(a); pida al espíritu consuelo con su presencia; invítelo a presentarse por medio de la meditación en el corazón (día 54). Cuando termine la meditación, permanezca sentado(a) en silencio, pidiendo permiso para entrar en el refugio de su corazón. Sienta su corazón como un sitio amable y cálido; acomódese allí con su atención y descanse el tiempo que desee. Si repite esta técnica suficientes veces, descubrirá que la presencia del espíritu es muy real y accesible.

Veré más allá de la ilusión de la desesperación.

Esta afirmación se refiere al hecho de recibir amor. Hay un tipo de sufrimiento que permanece mudo y tácito. Emana de la creencia de no ser amado(a). Los niños necesitan que les confirmen el amor constantemente porque su sentido de ser no se ha desarrollado y, por consiguiente, es frágil. Al oír la frase «Te amo» van formando un núcleo de amor propio. Mientras ese núcleo sea fuerte, la persona podrá soportar la pérdida del amor, aunque le produzca una pena intensa. Cuando el núcleo de amor propio se debilita demasiado, la desesperación se apodera de la persona. En algunas personas, ese núcleo nunca ha sido lo suficientemente fuerte, mientras que en otras la intensidad de la aflicción ha sido demasiado grande. Pida al espíritu que entre para reparar su sensación intrínseca de ser amado(a). En uno de los Upanishads más famosos aparece esta frase: «No es por el ser amado que sientes amor, sino por el propio ser». Dar y recibir son dos mitades de un mismo círculo. La aflicción rompe el círculo. Afirme hoy que puede sentirse amado dentro de su ser, incluso tras sufrir una gran pérdida.

Día 81

Me renovaré dehaciéndome de mis expectativas.

Esta afirmación se refiere a aceptar lo desconocido. Hoy usted entra en lo desconocido al deshacerse de sus expectativas. Cuando usted se aferra a una expectativa que no se hace realidad, el resultado automático es de infelicidad. En un plano más sutil, el hecho de poner la fe en la expectativa bloquea la llegada de energías nuevas. Esto es cierto bien sea que usted espere un resultado positivo o negativo. La expectativa se alimenta tanto de pensamientos tales como «Esto funcionará de alguna manera», como «De esto jamás saldrá nada bueno». Afirme que no necesita expectativas. Vea las expectativas como una forma de control emanado del miedo. Si nada espera, podrá poner su fe en el ahora, el único lugar que se renueva eternamente.

Día 82

Me renovaré deshaciéndome de los fantasmas del pasado.

Esta afirmación se refiere a la memoria. El sufrimiento es un nudo del pasado, el presente y el futuro. Cuando usted se establece firmemente en el presente, no tiene necesidad ni del pasado ni del futuro. La memoria pierde su poder de dañar, no olvidando las heridas viejas sino viviendo tan plenamente en el presente que las heridas pierden importancia. Al afirmar que se deshará de todos los fantasmas del pasado, derrotará toda una serie de males. Recuerde un punto anterior: recordar el dolor y aferrarse al él equivale a la ira. Y eso es sólo el comienzo. Recordar el placer y aferrarse a él es adicción. Anticiparse al dolor o al placer futuros es ansiedad. Dirigir el sufrimiento del pasado contra uno mismo equivale a culpabilidad.

Aunque parecería que se siente atribulado(a) en el presente, si se sumerge en las profundidades del ahora, será absorbido(a) hasta tal punto que el dolor no podrá penetrar. El presente es el hogar de su ser — el pasado y el futuro son solamente sueños de lo que usted fue o de lo que podrá llegar a ser. Por tanto, afirme hoy que se deshará del pasado y de su carga de sueños heridos.

Día 83

Me renovaré deshaciéndome de mi engreimiento.

Esta afirmación se refiere al hecho de no sentirnos ofendidos. Cuando alguien dice o hace algo que nos ofende, no somos nosotros quienes la sentimos sino nuestro engreimiento. El engreimiento ocurre porque todos llevamos adentro una imagen de nosotros mismos. Dedicamos gran cantidad de tiempo y energía a defender ese fantasma. Si su imagen le habla de una persona refinada y educada, usted se sentirá ofendido(a) por la grosería. Si su imagen es de alguien que tiene el control, una persona de autoridad, se ofenderá si alguien que no está a su altura pretende igualársele. Si desea renovarse, deberá liberarse de su imagen de sí mismo(a). Ubíquese en el presente sin imagen alguna. Permita que sus reacciones a los sucesos fluyan con la misma facilidad y libertad de la vida misma. Reconozca que mientras se mantenga aferrado(a) a su engreimiento, siempre se sentirá ofendido(a). Reconozca que su pasaporte a la libertad está en renunciar a su engreimiento.

Me renovaré deshaciéndome del resentimiento.

Esta afirmación se refiere al reconocimiento de que no existen oportunidades perdidas. «He debido hacer aquello», «Si solamente hubiera dicho esto» son expresiones que no hacen recordar todas nuestras fallas, grandes y pequeñas. El resentimiento es un desperdicio de energía y, no obstante, tiende a seducirnos porque siempre se presenta con un objetivo ya preparado. La alternativa es volver los ojos al interior, lamentarnos por aquello que pudo ser, asumir la responsabilidad y seguir adelante. El alma no ve oportunidades perdidas. En realidad, todos los caminos que usted ha recorrido han sido un regalo para su experiencia, y a medida que se ha ido tejiendo la tela compleja de la vida, cada una de esas experiencias ha agregado a su crecimiento. En el sentido más profundo, su vida ha sido una sarta de oportunidades que usted ha manejado con éxito. Así, afirme hoy que no hay nada ni nadie hacia lo cual deba sentir resentimiento. Por cada deseo menor que no se hizo realidad, su alma ha ampliado el camino para satisfacer sus aspiraciones más elevadas.

Día 85

Expresaré mi fe a través de la oración.

Esta afirmación se refiere al hecho de confiar en su visión. En este momento usted solamente toma conciencia del espíritu por instantes. Entrevé su alma durante un momento y luego no la ve más. Es a través de la fe que usted puede aferrarse a la visión última. La oración es el eslabón entre lo que usted es ahora y lo que será después.

> Dios y Espíritu, pido tener mi visión siempre presente.
> Pido que bendigas mi viaje.
> Pido a sus divinos ayudantes que me protejan por el camino.
> Pido a mis guías interiores que me muestren el camino.
> Pido al alma que está en mi interior, en el exterior y en todas partes que pueda reconocer que soy santo(a) y completo(a).
> Amén.

Diga esta oración al comenzar el día. Siéntese o arrodíllese con los ojos cerrados y entre en su interior para sentir que las palabras salen del corazón. Esta oración será escuchada en la fuente, la cual constituye la unión entre usted y Dios.

Oraré para ver con ojos nuevos.

Esta oración es para liberar la confusión. Todos los días debemos encontrar una forma de pedir claridad al espíritu. Adapte la oración a sus necesidades mencionando concretamente aquello que le produce confusión. ¿Es en quién confiar? ¿Es cómo ser comprendido(a) y oído(a) por los demás? ¿Es la incapacidad de decidir cuando una o más alternativas le atraen — o el hecho de no ver alternativa alguna?

El hecho de pedir claridad despeja el camino para todo lo que el espíritu desea traerle. Sin claridad, no podría tomar nota de sus mensajes ni recibirlos.

Dios y Espíritu, estoy confundido(a) hoy.
Dame claridad para la mente y el corazón.
Libérame de la confusión, producto del pasado.
Permíteme ver todo como si fuera la primera vez.
Lléname de bendiciones desconocidas,
Sorpréndeme con la dicha,
y permíteme renovarme de acuerdo con tus caminos.
Amén.

Pediré recordar quién soy.

Esta oración se refiere al hecho de reconocernos como espíritu. Todos llevamos muchos disfraces y tenemos muchos «yo». Nuestro ser último — el espíritu, el alma, la esencia — es el que representa el papel más misterioso. Habla con una voz silenciosa. Nos envía mensajes que parecen nuevos y extraños comparados con nuestros viejos modelos de pensamiento. Pide control cuando el ego está listo para saltar a la acción. Sin embargo, esta presencia misteriosa es nuestro verdadero ser. La oración de hoy es para recordar cuando nos sintamos tentados a olvidar la realidad del verdadero yo.

> Dios y Espíritu, olvido quién soy.
> Recuérdamelo.
> Permíteme oír la voz del silencio.
> Permíteme ver lo que no puede verse.
> Permíteme sentir el más sutil de los contactos.
> Sé que estás tan cerca como un aliento.
> Entonces respira dentro de mí hoy.
> Amén.

Pediré perdonar.

Esta oración es para pedir que pueda sentir más de lo que siente. El perdón pertenece al corazón. Usted podrá comprender su valor, podrá aceptar que perdonar es lo moral, lo correcto y lo virtuoso, pero si no lo siente, será un perdón forzado. El espíritu todo lo ve desde un lugar de equilibrio total. Usted ha necesitado del perdón en incontables ocasiones; también lo ha ofrecido a otras personas en incontables ocasiones. El mismo manto de quien tiene razón y de aquel a quien se ha herido se pasa de mano en mano en el mismo círculo. Cuando no pueda encontrar en usted la pureza del perdón, pida sentir más de lo que siente. El espíritu no le dará otras razones mejores para perdonar a alguien. Le mostrará otro camino.

Dios y Espíritu, tengo el corazón endurecido hoy.
Hay alguien a quien no puedo perdonar.
Mi propia herida bloquea el camino.
Siento el dolor de haber sido herido.
Retira esta dureza de mi corazón,
Permíteme sentir la alegría de la ternura.
Restablece la paz y llévate la energía del malestar.
Permíteme perdonar verdaderamente como yo mismo(a) sería perdonado(a).
Amén.

Pediré demostrar mi amor.

Esta oración se refiere a permitir que los demás lo vean como es realmente. En muchos puntos del camino espiritual se sentirá invadido(a) de exaltación y santidad. Sabrá sin lugar a dudas que el espíritu mora en usted. Pero es difícil demostrar eso a los demás. ¿Debería comportarse como santo? ¿Debería esperar a que su familia se dé cuenta de que hay un santo sentado a la mesa? La bondad se demuestra a través de las buenas obras, pero el espíritu se transmite a través del amor. Sin esperar nada de nadie, busque la forma de expresar la exaltación que lleva dentro.

Dios y Espíritu, muestra tu amor a través mío.
Es todo lo que deseo y he deseado siempre.
Permite que alguien en mi vida sienta tu mano
como yo la siento:
íntima, tierna, alegre, sanadora.
Cuando eso suceda, no permitas que me vean a mí,
solamente a ti.
Nadie necesita saber que yo estoy en ti y tú en mí.
Guardaremos nuestro secreto hasta la eternidad.
Amén.

Pido vivir más allá del «yo» y el «tú».

Esta oración se refiere a estar en el mundo pero no ser de él. Todas las divisiones terminan más allá de la dualidad del mundo material. La única relación que vale la pena tener es con Dios, porque cuando nos relacionamos con los demás, vemos a Dios en ellos. Éste es el estado de gracia que se pide con la oración de hoy. Utilícela cuando tenga al mundo metido entre la carne, cuando sienta que Dios o el espíritu o el alma están demasiado distantes. Permita que la relación más íntima y más dulce, la que existe entre el «yo» y el «tú», se funda en el mismo río de unidad.

Dios y Espíritu, pido que tomes mi mano en la tuya.
He visto este mundo a través de tus ojos.
He amado a los otros como tú los habrías amado.
He entrado en la creación y me he regocijado a mi placer.
Pero pese a todo eso, te extraño.
Sé mío para siempre.
Acéptame como la gota de agua que se funde con el océano.
Lo he conocido todo, salvo la eternidad.
Como yo me entrego a ti,
entrégame eso a mí.
Amén.

Encontraré refugio en el espíritu.
El único sitio seguro es la eternidad.

Esta afirmación se refiere al estado de ser. El río de la vida se desliza entre las orillas del placer y del dolor. Si se siente anclado(a) en la orilla, vuelva a la corriente para seguir adelante. Practique la aceptación en lugar de la fuerza, permitiendo que la vida le traiga las cosas y después se las lleve. Mantenga su atención en ser, donde está la realidad. Observe todo lo que llegue ante usted. Recuerde que usted no es uno(a) con los sucesos, por intensos que éstos sean. Es usted quien sucede. Cuando el «yo» se siente seguro en su ser, todo el miedo desaparece del mundo.

Día 92

Nos renovamos interminablemente los unos en los otros,
de tal manera que nadie muere jamás.

Esta afirmación se refiere a la comunión. En el recorrido del camino espiritual a través del tiempo y del espacio, usted camina como un cuerpo único con una personalidad y un ego únicos. Ellos son las ropas que usted vistió al iniciar su viaje, sólo para quitárselas al llegar. Si eso es así, ¿entonces quién hace realmente el viaje? Nadie y todos. Aunque intercambiamos identidades en el momento de la muerte, descartando un «yo» para vestir otro, en la fuente solamente está el ser inmutable, eterno, siempre igual dando vida a cada fragmento de sí, pero sin añadir ni perder nada. En el ciclo de la renovación eterna, nuestro trozo de eternidad es inviolable. Puesto que vivimos en nuestro ser, ninguno de nosotros muere jamás.

Ser sano es ser santo. Ser santo es ser uno. Ser uno es saber que todos los seres son el mismo «yo».

Esta afirmación se refiere al final del anhelo. En la India se ha dicho durante siglos que el alma tiene dos caras. Una de ellas mira hacia Dios y sabe que está hecha de la misma esencia divina. La otra mira hacia la creación, y aunque reconoce su origen divino, puede experimentar el nacimiento y la muerte. La cara eterna es Atman y la que acepta el nacimiento es Jiva. Aunque las dos son aspectos del alma, sin Jiva jamás habríamos dejado a Dios y a la eternidad para entrar al cuerpo. Sin Atman no sabríamos jamás que hay algo sagrado detrás de la máscara del mundo material. A veces me maravillo del ingenio de la gracia, la cual contiene lo infinito en lo finito, la dicha en el sufrimiento, la claridad en la bruma, el amor a pesar del conflicto. Éste es el acto de magia de Dios que nos permite a la vez nacer y ser eternos. Hoy usted afirma que ha visto más allá de la ilusión. La magia le ha entretenido enormemente pero ahora usted ya sabe cómo funciona el truco. Al final, cundo Jiva se ha hecho a cada gota de espíritu que el mundo tiene para ofrecer, la división desaparece. Jiva se funde con Atman. El alma vuelve a tener solamente una cara, para toda la eternidad.

El mal es la ausencia del ser.

Esta afirmación se refiere a la luz y a la oscuridad. De la misma manera que el alma tiene dos caras, la Naturaleza en su totalidad también las tiene. Hemos adquirido la costumbre de llamarlas el bien y el mal, la vida y la muerte, la oscuridad y la luz. Pero por muy convincente que sea este cuadro, la dualidad existe solamente para mantener funcionando a la ilusión o Maya. En el instante en que algo nace, tiene que morir. Estos dos sucesos se convirtieron los símbolos materiales de la luz y la oscuridad. La ilusión se desvanece cuando nos damos cuenta de que así como Dios tiene solamente una esencia, la realidad tiene solamente una cara, la del ser.

En el nivel más profundo, el ser lo llena todo. Pero si usted supiera eso, el drama de la vida y de la muerte no sería convincente. El mal se deriva de la ilusión de que la divinidad ha desaparecido. En sí, el mal no tiene un derecho positivo de existir. Cuando reconocemos esto, ya no podemos adoptar el mal. Se convierte en un papel obsoleto que no significa nada cuando el drama ha llegado a su fin.

Día 95

Expresaré mi ser en forma de alegre representación.

Esta afirmación se refiere al propósito de la vida. Mientras el drama del bien contra el mal, el placer contra el dolor, mantenga su atractivo, el propósito de la vida será luchar. La dualidad, al emanar de la separación, existe como un escenario. Puesto que el drama es tan rico, ¿qué nos quedaría para hacer cuando termine? ¿Acaso se pierde todo propósito cuando ya no hay nada que ganar o que perder? Muchas personas se aterran ante la perspectiva de renunciar a la dualidad. Como alguien me dijo francamente un día, «¿Volver a la luz? Me suena muy parecido a morir».

El propósito de la vida al escapar de la dualidad es la alegre representación. Éste ha sido siempre el propósito. Los sentidos no pueden decirnos que el dolor es sólo otra forma de dicha — piensan que es el contrario del placer. Pero cuando nos reconocemos como espíritu, la representación se torna divina. La luz sabe que sólo ella existe. ¿Entonces por qué tendría un aspecto que no fuera dichoso? A diferencia del placer, la dicha es una sensación eterna, nacida del simple goce de la creación consigo misma.

Cuando todo soy yo y es mío, lo único que hay es amor.

Esta afirmación se refiere a la redención del ego. El ego también se redime. Es sólo entonces que se dará cuenta del portentoso acto de magia de Dios de convertir al malo en héroe al terminar el drama. Cuando usted ve que es ser puro, la separación termina. El espacio entre usted y su alma se cierra y — ¡listo! — todo lo que hay en la creación pasa a ser suyo. De un solo golpe, usted satisface la razón de existir del ego, no derrotándolo, sino dándole todo lo que desea. El ego individual se eleva a la posición de ego cósmico. Al mirar en todas las direcciones lo único que ve es el ser, es decir, se ve a usted mismo(a). Esa experiencia destruye el miedo y la soledad del ego. El ego quizás sea el último en reconocer que lo único que deseaba era el amor de Dios, pero finalmente lo hace. Al sanar la separación, el amor se torna real y ya nunca más desaparece. De la misma manera que el ego compartía su propósito cuando la vida era una lucha, ahora podrá compartir su nuevo propósito, es decir el goce. Resulta entonces que el drama de la luz y la oscuridad no era otra cosa que una comedia romántica.

El mundo es mi cuerpo.
Las montañas son mis huesos; los bosques son mi piel; los ríos
son mi sangre; el aire es mi aliento; el sol es mi luz.
En mi amor por la tierra equilibro toda la vida.

Esta afirmación se refiere al papel oculto del ser. En su desprendimiento, el alma no realiza acto alguno. Sin embargo, todo lo penetra. la materia física del cosmos ha estado expresando el espíritu a cada instante, desde el *Big Bang*. Detrás del movimiento aleatorio del torbellino de gases candentes se desenvolvía un propósito. El ser sostenía la vida. En el torbellino de gases se desenvolvía la creación del ADN, de todas las plantas y los animales, de todo el diseño complejo que llamamos evolución. Siendo el coreógrafo, el ser jamás salió a escena. Dirigió la danza desde afuera. Una vez que usted se ve como ese mismo ser, tiene la dicha de dirigir la danza desde adentro. En la expansión de su conciencia, usted irradia la misma influencia promotora de la vida que el espíritu mismo.

Soy todos los cuerpos, todos los pensamientos, todas las emocio-
nes, toda la respiración, todas las situaciones, todas las circuns-
tancias, todos los sucesos y todas las relaciones.
A todos los envuelvo en mi abrazo.

Esta afirmación se refiere a unir dos realidades. Hay
un camino hacia Dios que depende solamente de la
mente. Es el camino más frío, más rocoso que no ofrece consuelo al corazón, pero a la vez es el más simple.
Su objeto es responder solamente una pregunta: ¿Quién
soy yo? En el instante mismo en que se hace esa pregunta, surgen solamente dos respuestas que se separan
como dos caminos en el bosque.

La primera repuesta es: «Yo soy esta mente y este
cuerpo, nacido en el mundo físico y destinado a morir».

La segunda respuesta es: «Yo soy el ser mismo, el
cual da lugar al ciclo del nacimiento y la muerte pero
que vive eternamente más allá de ellos».

Nadie toma nunca el segundo camino, y tampoco
creo que se trate de hacerlo. Si usted pudiera convencerse mentalmente de que es el «Yo» eterno, ¿de qué le
serviría la experiencia? Este mundo se hizo para ser el
aspecto más atractivo, seductor, bello, erótico, embria-
gador y sensual de toda la creación. Suplica ser experimentado y es por eso que todos tomamos el primer
camino. Nos vestimos de individualidad y nos someti-

mos al nacimiento y a la muerte. El drama ha sido magnífico. El placer y el dolor nos han agobiado. Pero si el nacimiento y la muerte fueran la realidad última, ese camino llevaría al infierno, de manera que por la gracia de ser sencillamente se disuelve. Aparece el segundo camino, el cual presenta eternamente el Ser que no nace y nunca muere. Sabemos la verdad de lo que somos, o sea al Todo. El nacimiento y la muerte continúan. Pero podemos salirnos del drama cuando queramos. Podemos llevarnos a nosotros mismos más allá del placer y del dolor. Con una gratitud eterna miramos por encima del hombro y nos damos cuenta de que el sufrimiento ha llegado a su fin.

Deepak Chopra

Afirmo mi vida como la vida misma.
Afirmo mi amor como el amor mismo.

Esta afirmación se refiere a la iluminación. Al final del viaje está el estado de lo absoluto. La libertad no significa estar libre de esto o aquello — es la libertad absoluta. La alegría no es por esto o aquello — es dicha absoluta. Y lo mismo sucede con el poder, la inteligencia, la creatividad y la existencia. Cuando experimentamos estas cosas en la dualidad, nos damos apenas una idea ligera de lo que son. Desde la perspectiva del mundo relativo, lo absoluto es inimaginable. Los sabios de la antigüedad solamente podían definirlo mediante la negación: lo no nacido, lo inamovible, lo impenetrable, lo invulnerable, sin cualidad alguna y, no obstante, con todas las cualidades.

Al principio dije que el sufrimiento es el dolor que amenaza con robarle todo el significado a la vida. Por esa razón, en mi visión personal del final del camino espiritual no veo un fin. El significado continúa expandiéndose eternamente, a través de esas dos fuerzas divinas que llamamos la vida y el amor. El final del sufrimiento llega en el preciso instante en que podemos decir, «Soy la vida, y soy el amor». La conciencia se funde con la creación para ser lo observado, el observador y el acto de observar. Otros han imaginado a Dios como el ojo vigilante de la Creación que abarca con su mirada todos los átomos. Esto puede ser así, aunque para mí esa mirada no puede ser divina a menos que mire con amor. El amor enciende la chispa de la vida y le imprime a ésta un valor infinito.

La única realidad es el amor.

Esta afirmación cristaliza todas las precedentes. Lea los renglones siguientes y déjese llevar a un estado de meditación y paz. Permita que las palabras penetren en su corazón y lo llenen de consuelo.

En mi jardín abrió la rosa, pero era tal mi prisa que no reparé en ella. El amor se acordó de mí y dijo, «Haré que una rosa florezca en tu corazón. Tu cuerpo es el jardín del alma».

Ahora que ha leído estas palabras, reflexione sobre las prioridades de su vida. El amor es la única realidad. Cuando esta verdad se arraigue en su corazón, no sentirá la tentación de desperdiciar mucho tiempo en trivialidades. Apueste su vida a lo eterno, y alcanzará la redención.

El dolor de mi corazón me impedía dormir. Estaba angustiado y me invadían pensamientos de muerte. Entonces vi una figura de luz al lado de mi lecho. Me dijo, «Sólo una cosa podría provocarte este sufrimiento». Se inclinó para besarme y supe que mi amante era el alma.

Rabindranath Tagore, 1913.

Agradecimientos

Quisiera aprovechar esta oportunidad para agradecer a mi editor, Peter Guzzardi, por trabajar durante horas interminables y de manera impecable para terminar este texto; a Linda Loewenthal, Shaye Areheart, Chip Gibson, Tina Constable y Rhoda Dunn de Harmony Books y Crown Publishers por su gran apoyo; a Carolyn Rangel, sin quien mi vida sería un caos; a Paulette Cole por su valentía y su compromiso al explorar la herida más profunda en medio de la tragedia; a Richard Perl por apoyarnos a Paulette y a mí; y por último, a mi familia, fuente de amor y afecto permanentes.